Veröffentlichungen des Deutschen Vereins für Volks-Hygiene.

Im Auftrage des Zentralvorstandes in zwanglosen Heften herausgegeben von Sanitätsrat Dr. K. Beerwald, Berlin.

Heft XIX.

Das menschliche Auge und seine wichtigsten Erkrankungen

von

Dr. W. Klingelhöffer,

Augenarzt, Offenburg, Baden.

(Erstes bis zehntes Tausend.)

München und Berlin.

Druck und Verlag von R. Oldenbourg.

1910.

Sehen ist das Ergebnis der gemeinsamen Tätigkeit von Auge, Sehnerv und Gehirn.

Das Auge hat die Aufgabe, Lichtstrahlen auf einer in seinem Hintergrund ausgebreiteten Haut aufzufangen, die dadurch in Erregung gesetzt wird.

Der Sehnerv leitet diese Erregungszustände weiter zu dem dritten notwendigen, dem Gehirne, welches die einzelnen Erregungen verarbeitet und als ein Bild der betrachteten Außenwelt zum Bewußtsein bringt.

Das menschliche Auge hat, wie ja schon aus der Bezeichnung Augapfel hervorgeht, eine annähernd kugelförmige Gestalt mit einem Durchmesser von 23 mm, und setzt sich zusammen aus einer Anzahl zwiebelschalenartig übereinander liegender Häute (Fig. 1). Zu äußerst liegt die derbe, weiße, undurchsichtige Lederhaut. Vorn setzt sich auf sie wie ein Uhrglas die stärker gewölbte, durchsichtige Hornhaut auf.

Die zweite Schicht besteht aus drei Teilen. Die der Lederhaut aufliegende braungefärbte heißt, weil sie reichlich Blutgefäße enthält, Aderhaut. Nach vorn zu, in der Nähe des Überganges von der Lederhaut zur Hornhaut, verdickt sie sich zu einem aus einzelnen Stäbchen bestehenden Wulst, dem Strahlenkörper, der von einem sehr wichtigen Muskel durchzogen wird.

Vom Strahlenkörper senkt sich ein Vorhang herab, der so hinter der Hornhaut liegt, wie das Zifferblatt hinter dem Uhrglas. Wir nennen ihn Regenbogenhaut oder Iris. Während also Aderhaut und Strahlenkörper der Lederhaut dicht anliegen, bleibt zwischen Hornhaut und Regenbogenhaut ein mit wässeriger Flüssigkeit gefüllter Raum, die vordere Kammer. In der Mitte hat die Regenbogenhaut ein kreisrundes, schwarz erscheinendes

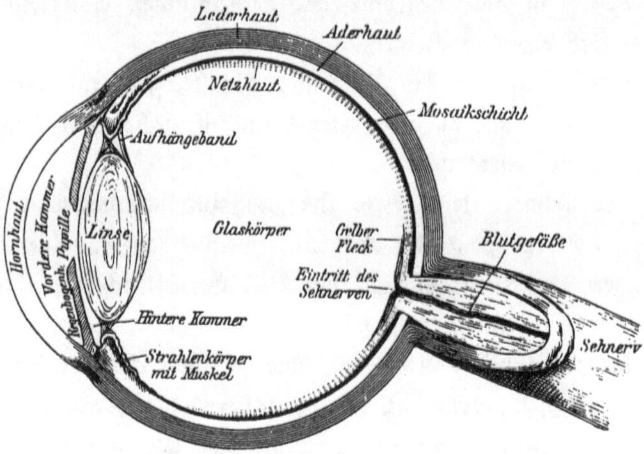

Fig. 1. Wagrechter Durchschnitt durch ein menschliches Auge.

Loch. Es wird Sehloch, Pupille, in manchen Gegenden Kindel oder Stern genannt. Ein sehr komplizierter Muskel und Nervenapparat verändert beständig die Weite dieses Loches je nach der gerade herrschenden Helligkeit. Je heller es ist, desto kleiner ist die Pupille, während sie im Dunkeln weiter wird. Störungen in der Weite und Bewegung der Pupille deuten stets auf ein ernstes Nerven- oder Gehirnleiden. Die Regenbogenhaut ist bei verschiedenen Menschen verschieden gefärbt. Die meisten Neugeborenen haben blaue Augen, weil sich erst später die Gewebe der Regenbogenhaut mit besonderem Farbstoff füllen. Bei manchen Tieren und Menschen mit weißem Haar fehlt jeglicher Farbstoff in den Augen. Die Regenbogenhaut dieser sog. Albinos erscheint weißlich gelb und ihre Pupille schimmert leuchtend rot, da durch die farbstofflosen Augenwände Seitenlicht ins Augeninnere dringen kann. Derartige Individuen sind deshalb auch stets lichtscheu.

Über die Aderhaut zieht eine dünne, entwicklungsgeschichtlich zur Netzhaut gehörige Lage von sechseckigen mit schwarzem Farbstoff erfüllten Zellen, die sog. Mosaikschicht, von denen feine Ausläufer zwischen die nächste Schicht gehen.

Nun folgt der wichtigste Teil des Auges, die Netzhaut oder Sehhaut. Nur ein durchsichtiges, noch nicht $^1/_4$ mm dickes Häutchen ist es, und doch in ihm welche Fülle von einzelnen Gebilden! Man braucht sich nur einmal das Gewirr von Nervenfasern und Nervenzellen auf dem stark vergrößerten Querschnitt (Fig. 2) anzusehen. Wir wollen uns nicht mit Aufzählung der einzelnen Schichten plagen. Es genügt zu wissen, daß die der Mosaikschicht zugekehrte Lage aus feinen Stäbchen und Zapfen besteht, welche die eigentlichen lichtempfindlichen Elemente des Auges vorstellen. Sie sind es, die unter dem Einfluß der Lichtstrahlen unter Änderung ihrer Form in Erregung versetzt werden.

Die Figur zeigt uns, wie die Enden der Sehzellen zuerst zu einer Lage von Nervenzellen in Beziehung treten, die wiederum ihrerseits die Leitung nach den Sehnervenzellen herstellen. Die letzte Schicht der Netzhaut bilden die durchsichtigen Fasern dieser Sehnervenzellen, welche sich sammeln und zum Sehnerv werden.

Alle Teile der Netzhaut müssen durchsichtig sein, da ja die Stäbchen und Zapfen so liegen, daß das Licht erst, um zu ihnen zu gelangen, durch die Netzhaut hindurch muß.

Die Außenteile der Stäbchen sind durchtränkt von einem Farbstoff, dem Sehrot oder Sehpurpur, der sich wie photo-

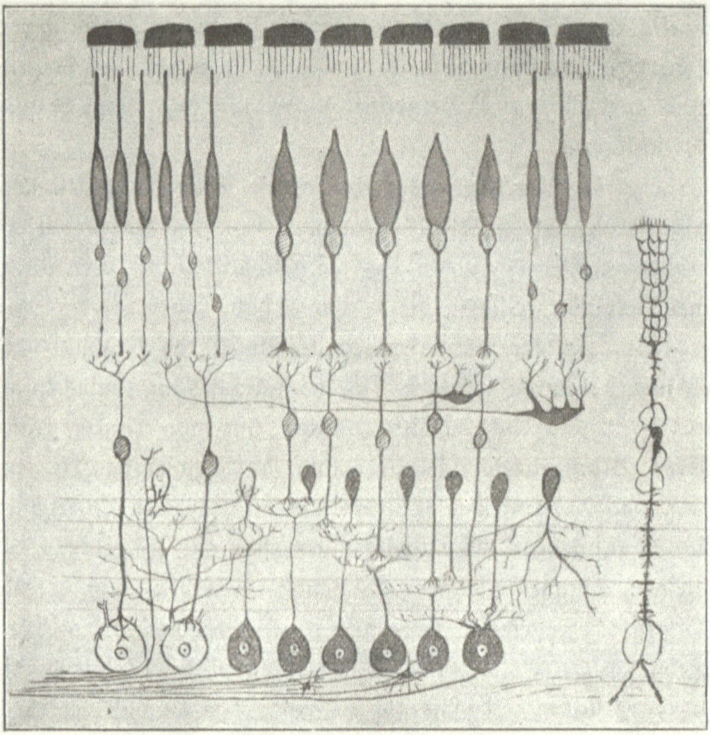

Die Endknöpfe mehrerer Sehstäbchen treten in Beziehung zu einer Nervenzelle, eine oder mehrere N.-Z. zu einer Sehnervenzelle.

Das Endbäumchen je eines Sehzapfens tritt an der Stelle des deutlichsten Sehens in Beziehung zu einer Nervenzelle. Nur eine N.-Z. zu einer Sehnervenzelle.

Querleitung.

Längsleitung

Stützfaser

Fig. 2. Schema des Baues der menschlichen Netzhaut nach Greeff.

graphisches Papier unter dem Einfluß des Lichtes verändert und farblos wird, sich aber im gesunden Auge sofort wieder erneuert. Er dient zum Ausgleich der Helligkeitsunterschiede, da unser Auge gezwungen ist, bald in greller Sonne, bald in der Dämmerung zu arbeiten.

Hinter der Regenbogenhaut und nur durch einen schmalen, wassergefüllten Raum, die hintere Kammer, von ihr getrennt, liegt die Linse. Sie ist elastisch, auf der hinteren Seite stärker gewölbt als auf der vorderen und im gesunden Auge völlig durchsichtig. Eine Kapsel hüllt sie ein, die durch Aufhängebänder am Strahlenkörper befestigt ist und gewöhnlich eine Spannung auf die Linse ausübt, sie dadurch abplattend. Hinter der Linse liegt der durchsichtige gallertartige Glaskörper.

Wir wollen jetzt noch einige besondere Stellen der Netzhaut kennen lernen. Gerade gegenüber von der Pupille liegt auf der Netzhaut eine kleine Grube von gelblicher Färbung. Es ist der sog. gelbe Fleck, die Stelle des schärfsten Sehens.

Mit dem Mikroskop erkennen wir, daß in ihm die Zapfen an Zahl immer mehr zunehmen, so daß seine Mitte nur noch Zapfen enthält. Und jeder dieser Zapfen steht nur mit *einer* Nervenzelle, jede Nervenzelle nur mit *einer* Sehnervenzelle in Verbindung, so daß von jedem Zapfen eine direkte Leitung bis ins Gehirn geht (Fig. 2).

Nur *die* Gegenstände, deren Bilder auf diesen gelben Fleck fallen, werden deutlich gesehen. Wir richten deshalb unsere Augen so, daß das, was wir sehen wollen, auf den gelben Fleck *beider* Augen fällt und nennen es fixieren. Wird der gelbe Fleck zerstört, so vermag das betroffene Auge nicht mehr zu lesen und nur große Gegenstände noch zu erkennen.

Von diesem direkten zentralen Sehen ist das indirekte periphere Sehen zu unterscheiden, welches von allen übrigen Stellen der Netzhaut, die ja den ganzen Augenhintergrund überzieht, ausgeführt wird. Bei Betrachtung mit dem Mikroskop finden wir, daß ein Zapfen von dem anderen durch drei bis vier Reihen Stäbchen getrennt ist. Diese Stäbchen sind nicht einzeln mit dem Gehirn verbunden, sondern es treten ihrer mehrere in Beziehung zu einer Nervenzelle, von denen wiederum mehrere an eine Sehnervenzelle sich anschließen. Das Sehen ruft weniger deutliche, stumpfere Empfindungen hervor und dient zur Orientierung. Wir können uns das am besten klar machen, wenn wir ein Auge schließen, mit dem anderen unbeweglich geradeaus blicken und nun von der Seite her unsere Hand nähern. Beim Heranfahren von der Schläfe erhalten wir schon in einer durch die Stirn gelegten Ebene einen undeutlichen Eindruck, aber erst, wenn das Bild der Hand auf den gelben Fleck fällt, sehen wir es genau. Nach innen geht unser Gesichtsfeld weniger weit, da wir sonst beständig unsere Nase sehen würden.

Wenn das periphere Sehen bei gewissen Krankheiten vernichtet ist, so vermag der Patient zwar zu lesen und in die Ferne scharf zu sehen, er kann sich aber absolut nicht zurecht finden. Er ist in derselben Lage, als wenn wir uns vor jedes Auge eine lange Röhre halten würden und versuchten herumzugehen. Wir würden überall anrennen. Blicken wir mit normalem Gesichtsfeld beim Gehen geradeaus, und es liegt ein Stein im Wege, so ruft sein Bild auf unserer peripheren Netzhaut eine Empfindung hervor. Wir werden nun aufmerksam, fixieren, erkennen den Stein und gehen um ihn herum.

Etwas nach einwärts vom gelben Fleck durchbohrt der Sehnerv zugleich mit Blutgefäßen die Lederhaut und Aderhaut und wird, da er seine Markhülle verliert, durchsichtig. Über dem Sehnerveneintritt fehlen die Stäbchen und Zapfen. Es hat also jeder Mensch in jedem Auge eine Stelle, an welcher er nichts sieht, den sog. blinden Fleck. Wir bemerken ihn aber für gewöhnlich nicht, weil unser Gehirn die fehlende Stelle im Gesichtsfeld ergänzt. Der Sehnerv tritt durch ein Loch in der Schädelwand zur Unterfläche des Gehirns, trifft hier mit dem Sehnerv der anderen Seite zusammen und kreuzt sich mit ihm. Die feinen Untersuchungsmethoden unserer Zeit haben uns aber darüber aufgeklärt, daß diese Kreuzung keine vollständige ist. Betrachten wir einen Horizontalschnitt durch Augen und Gehirn (Fig. 3), so sehen wir, wie die von der äußeren Hälfte, der Netzhaut des rechten Auges $M_1\ c_1$ ausgehenden Nervenfasern an der Kreuzungsstelle angelangt, auf der gleichen Seite bleiben, während die von der inneren Seite $g_1\ M_1$ ausgehende Partie auf die andere Seite hinübertritt. Das gleiche geschieht am linken Auge. Es werden also die rechten Hälften der Netzhäute $M_1\ c_1$ und $M\ g$ beider Augen von der rechten Gehirnseite aus versorgt, die linken Netzhauthälften $M_1\ g_1$ und $M\ c$ beider Augen von der linken Gehirnseite. Entsprechende Punkte beider Augen haben also einen einzigen gemeinsamen Endpunkt im Gehirn. Zum gelben Fleck M und M_1 ziehen Fasern von beiden Gehirnseiten. Würden wir den Sehnerv hinter einem Auge zerschneiden, so würde das betreffende Auge erblinden. Zerstören wir ihn aber nach der Kreuzung, so würde nur eine Hälfte der Netzhaut erblinden, aber an beiden Augen. Werden endlich die Endigungen der Sehbahnen in der Rinde des Hinterhauptlappens des Gehirns zerstört, so vermag, und derartige Fälle sind beobachtet, der Kranke zwar noch alles zu sehen, aber nichts mehr zu erkennen. Halten wir einen Stock vor ihn, so wird er um denselben herumgehen, ohne anzustoßen, würde aber auf die Frage, was das sei, keine Antwort geben können. So kann die Fähigkeit des Erkennens von Personen, auch der nächsten Angehörigen, von Gegenden, Buchstaben, Worten und Zahlen

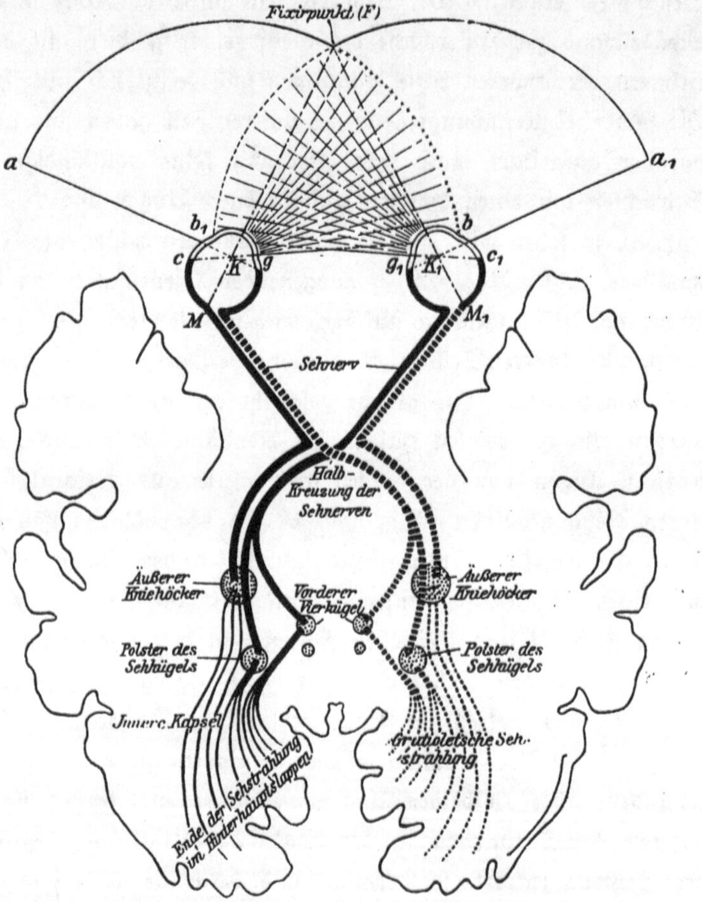

Fig. 3. Die Beziehungen zwischen Augen, Sehbahnen und Gesichtsfeld.

Beide Augen fixieren Punkt F, dessen Bild auf den gelben Fleck (M u. M_1) fällt.
Das Gesichtsfeld d. rechten Auges besteht aus d. Schläfenteil $F\,K_1\,a_1$ und d. Nasenteil $F\,K_1\,b_1$
„ „ „ linken „ „ „ „ „ $F\,K\,a$ „ „ „ „ $F\,K\,b$.
Gemeinsamer Teil des Gesichtsfeldes beider Augen $b_1\,F\,b$.
Näheres siehe Text.

verloren gehen, und zwar jedes für sich allein bei völligem Erhaltensein des anderen. Von jedem Gegenstand, den wir besehen, wird im Gehirn ein Eindruck hervorgerufen, der bei genügender Lebhaftigkeit, Länge oder Häufigkeit der Einwirkung dauernd als sog. Erinnerungsbild erhalten bleibt und stets zurückgerufen werden kann. Dieses Zurückrufen ins Bewußtsein nennen wir Erinnerung, die Fähigkeit, Eindrücke aufzubewahren, Gedächtnis. Bei den geschilderten Kranken ist das Gedächtnis für Seheindrücke verloren gegangen. Sie müssen es durch andere Arten, z. B. Hörgedächtnis oder Gefühl ersetzen. Der Kranke wird z. B. beim Betasten den vorgehaltenen Stock erkennen. Hierher gehört auch das Verhalten von Starblindgeborenen, die durch Operation wieder sehend werden. Ihnen erscheint das, was sie sehen, zuerst als Wirrwarr von Farbenklexen. Erst nach und nach, mit Hilfe der anderen Sinne, besonders durch Betasten, lernen sie das Gesehene erkennen. Doch ich muß von diesem interessanten Kapitel abgehen, da noch allzuviel zu erwähnen ist.

Der Augapfel liegt in einer von vier Seiten aus Knochen gebildeten pyramidenförmigen Höhle, der sog. knöchernen Augenhöhle. Die Spitze dieser Pyramide liegt nach hinten, innen und hat Öffnungen zum Durchtritt der Nerven und Blutgefäße. Die Höhle ist von einem sehr lockeren Zellgewebe ausgefüllt, in welchem der Augapfel mit seinen hinteren zwei Dritteln, umgeben von einer Gelenkkapsel, ruht (Fig. 4).

Die Grundfläche der knöchernen Pyramide hat nur häutigen Verschluß, gebildet durch die Augenlider. Zwischen sich lassen dieselben eine quere Spalte, die Lidspalte, welche je nach Bedürfnis durch den ringförmigen Augenlidmuskel, der unter der Haut liegt, mehr oder weniger verengert oder ganz geschlossen werden kann. Die Öffnung besorgt ein in der Augenhöhle gelegener Muskel, der Heber. Die Augenlider sind gebildet von der äußeren Haut, einer Lage knorpelartigen Gewebes und der

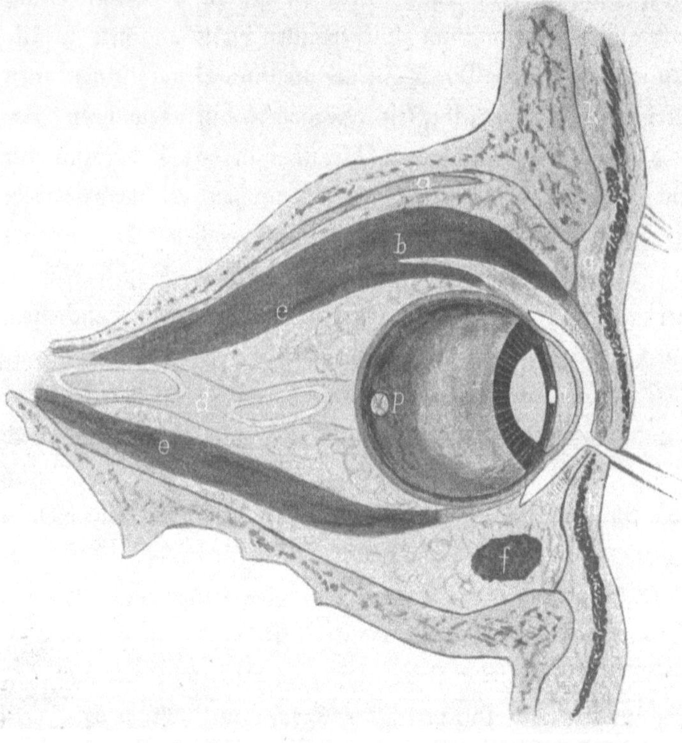

Fig. 4. Senkrechter Durchschnitt durch die Augenhöhle und Lider.

a Oberer Augenhöhlennerv,
b Heber des oberen Lides,
d Sehnerv,
c oberer gerader Augenmuskel,
e unterer „ „
f unterer schräger „
g oberes Lid mit Ringmuskel und Wimpern,
h unteres „ „ „ „ „
i vordere Augenkammer, dahinter die Pupille (weiß),
k Stirnhautmuskel,
P Eintrittsstelle d. Sehnervs in den Augapfel.

Bindehaut. Am Lidrande stehen Haare, die sog. Wimpern, ferner münden hier Liddrüsen, welche mit ihrer Absonderung die Bindehaut schlüpfrig erhalten. Die Bindehaut ist ein zartes, feines Häutchen, welches sich von der Innenfläche der Lider unter Faltenbildung auf den Augapfel herüberschlägt. Es bildet sich so ein Sack, der Bindehautsack, welcher stets durch die Tränen feucht gehalten wird. Diese werden von der am oberen äußeren Augenhöhlenrand liegenden Tränendrüse abgesondert. Die überschüssige Flüssigkeit wird durch zwei am inneren Augenwinkel mündende kleine Röhrchen, die Tränenröhrchen, in den Tränensack und von da durch einen engen, knöchernen Kanal in die Nasenhöhle befördert (Fig. 5).

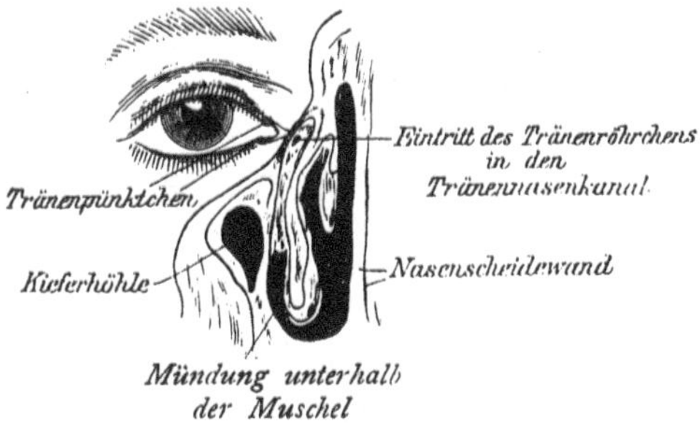

Fig. 5. Die Tränenwege.
Kieferhöhle und Nase sind eröffnet.

Ist die Tränenabsonderung durch Reizung des Auges oder beim Weinen vermehrt, so können die Tränen nicht schnell genug aufgesaugt werden und laufen an den Wangen herab.

Sechs Muskeln bewirken die Bewegung des Auges, vier gerade, die von der Spitze der Augenhöhle nach vorn laufen und sich in der Nähe der Hornhaut ansetzen, je einer oben, unten, außen und innen, und zwei schiefe. Der obere schiefe verläuft zuerst wie die geraden, dann schlingt sich aber seine Sehne um eine Rolle am oberen inneren Augenhöhlenrand, um von da nach hinten und außen zum hinteren Teil des Augapfels zu ziehen. Der untere schiefe zieht vom unteren inneren Augen=

höhlenrand zum hinteren unteren und äußeren Abschnitt des Augapfels; nur die Seitwärtsbewegung der Augen wird von je einem Muskel ausgeführt. Bei allen anderen Bewegungen sind mehrere Muskeln vereint tätig.

Das Zusammenarbeiten der Augenmuskeln wird schon nach wenigen Lebenswochen ein sehr vollkommenes. Sehen wir nach den Seiten, nach oben oder unten, so gehen stets beide Augen nach der gleichen Seite. Betrachten wir einen Gegenstand, der sich uns von vorn her nähert, so gehen beide nach einwärts. Es wird dadurch bewirkt, daß der fixierte Gegenstand stets auf den gelben Fleck beider Augen fällt. Wird dieses feine Zusammenspiel durch Lähmung eines oder mehrerer Muskeln eines oder beider Augen gestört, so unterbleibt die Bewegung nach der Seite der kranken Muskeln. Die gesund gebliebenen ziehen das Auge nach der Richtung ihrer Wirkung hinüber, so daß es „schielt". Die betrachteten Gegenstände erscheinen nunmehr in gewissen Blickrichtungen dem Erkrankten doppelt, was ungemein lästig empfunden wird und Schwindel verursacht. Durch Zukneifen eines Auges oder durch schiefe Kopfhaltung sucht der Leidende es zu unterdrücken. Störungen der Augenbewegungen sind nie leicht zu nehmen. Sie künden in sehr vielen Fällen ein ernstes Nerven- oder Gehirnleiden an.

Nun müssen wir eine kleine Abschweifung in das Gebiet der Optik, der Lehre vom Licht, machen, um das Zustandekommen des Bildes im Auge und die Brechungsfehler verstehen zu können.

Von jedem leuchtenden und beleuchteten Gegenstand gehen nach allen Seiten des Raumes unzählige Lichtstrahlen aus, von denen sich jeder einzelne so lange in gerader Richtung fortpflanzt, bis er auf einen Gegenstand trifft. Nun kann zweierlei geschehen:

Entweder ist der Gegenstand undurchsichtig, dann wirft er den auffallenden Lichtstrahl zurück. Diese sog. Reflexion interessiert uns aber hier nicht.

Oder er ist durchsichtig, d. h. er gestattet dem Lichtstrahl, durch ihn hindurchzutreten. Dieser Durchtritt ist aber nicht ohne Einfluß auf den Gang des Strahles, sowohl beim Eintritt, als auch beim Austritt wird er je nach der Beschaffenheit, der sog. optischen Dichte des Körpers in mehr oder minder hohem Grade abgelenkt. Wir sagen, er wird gebrochen.

Wenn wir vor ein Auge einen durchsichtigen Gegenstand, z. B. ein Stück helles Fensterglas halten und das, was wir mit dem so bewaffneten Auge sehen, mit dem mit freiem Auge gesehenen vergleichen, so werden wir trotz der Brechung der Lichtstrahlen keinen Unterschied finden. Nach dem Durchtritt durch eine von zwei gleichgerichteten Ebenen begrenzte Glasplatte hat der austretende Strahl nämlich noch die gleiche Richtung wie

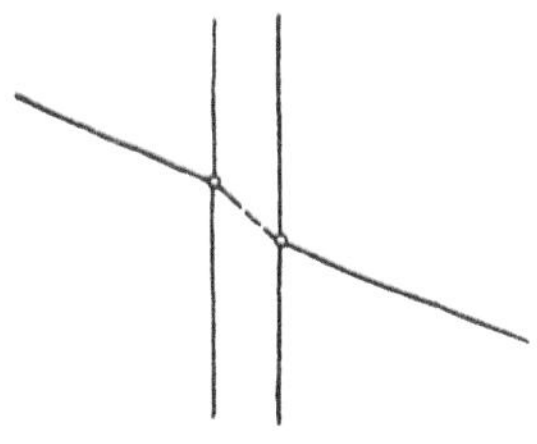

Fig. 6.

bei seinem Eintritt und ist nur etwas verschoben, aber so wenig, daß es bei der geringen Dicke einer Fensterscheibe nicht zu bemerken ist (Fig. 6).

Es gibt in der Optik ein kleines Instrument, das Prisma. Es ist ein keilförmiges Stück Glas, an welchem sich zwei Seiten in einer Kante, der sog. brechenden Kante treffen. Die dieser gegenüberliegende Seite wird Basis des Prismas genannt. Beim Durchtritt durch ein solches Prisma wird der Strahl nach der Basis desselben gebrochen und zwar geschieht dies um so stärker je größer der Winkel an der brechenden Kante ist (Fig. 7).

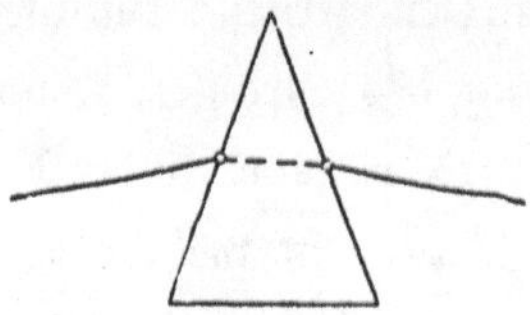

Fig. 7.

Setzen wir zwei Prismen mit der Basis aufeinander, so brechen beide die Lichtstrahlen nach ihrer Basis hin, d. h. so, daß sie sich auf der anderen Seite der Prismen sammeln (Fig. 8).

Nun denken wir uns einmal anstatt der ebenen Flächen der Prismen gewölbte, Teile einer Kugeloberfläche, so haben wir

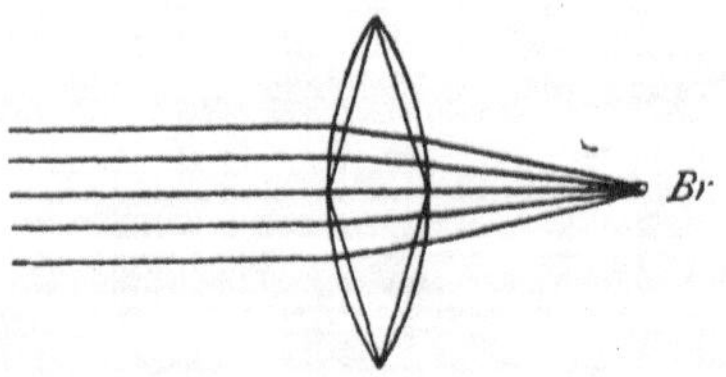

Fig. 8.

das wichtigste Instrument der Optik, die Linse, und zwar die doppeltgewölbte, die uns bei der anatomischen Schilderung des Auges schon begegnete.

Ein Blick auf Figur 8, welche eine solche Bikonvexlinse auf dem Durchschnitt darstellt, läßt uns nach dem vorher Ge=

sagten ohne weiteres die Wirkung derselben auf die Lichtstrahlen erkennen, läßt uns verstehen, warum wir sie Sammellinse nennen.

Eine durch die Mitte einer solchen Linse gehende, senkrecht zu ihr stehende Linie wird Hauptachse genannt. Alle gleichgerichtet zu dieser Hauptachse auf die Linse fallenden Strahlen sammeln sich hinter der Linse in einem Punkte, dem sog. Haupt-Brennpunkt *Br.* Dieser wird um so näher an der Linse liegen, je stärker dieselbe gewölbt ist, und je stärker sie infolgedessen bricht. Zur Benennung der Brechkraft einer Linse braucht man jetzt als Einheit die Dioptrie. Eine Linse, welche die Brennweite von 1 m hat, hat eine Brechkraft von 1 Dioptrie, eine Linse, welche eine Brennweite von 50 cm hat, eine solche von 2 Dioptrien usw. Früher wurde die Brennweite in Zoll angegeben. Eine Linse von 1 m Brennweite entspricht etwa einer solchen von 40 Zoll Brennweite der alten Numerierung.

Liegt der leuchtende Gegenstand nahe an der Linse, so werden die von ihm ausgehenden Lichtstrahlen unter sehr verschiedenen Winkeln auf die Linse treffen. Man nennt solche auseinandergehenden Lichtstrahlen divergent. Je weiter dagegen die Strahlen herkommen, um so weniger divergent werden sie sein, ja bei einer gewissen Entfernung können sie praktisch als gleichgerichtet, parallel, gelten. Je divergenter die Strahlen sind, um so weiter hinter dem Brennpunkt werden sie sich sammeln.

Nehmen wir einmal an, auf der linken Seite einer Bikonvexlinse sei ein leuchtender Pfeil (Fig. 9 *a b*) aufgestellt. Von jedem Punkte desselben gehen unzählige Lichtstrahlen zur Linse. Wir wollen nun aber nur den Weg von je zwei derselben betrachten, die vom oberen (*a*) und unteren (*b*) Pfeilende ausgehen sollen. Ein Paar der gezogenen Strahlen gehen durch den

Mittelpunkt der Linse, wobei sie, da hier die Linse als Platte wirkt, nicht gebrochen werden, das andere Paar gleichgerichtet mit der Hauptachse verlaufend, trifft sich im Brennpunkt und schneidet sich verlängert mit dem ersten Strahlenpaar in zwei Punkten, *A* und *B*. Die von dem Punkte *a* ausgehenden zwei Strahlen haben sich also hinter der Linse wieder in einem Punkt *A* gesammelt, die von Punkt *b* ausgehenden in Punkt *B*. Wenn wir nun dieselbe Konstruktion von jedem anderen Punkt ausgeführt denken, erhalten wir hinter der Linse von jedem ein Punktbild. Und die Gesamtheit dieser Punktbilder ergibt ein Bild des Pfeiles *AB*, das aber, da die Strahlen sich gekreuzt

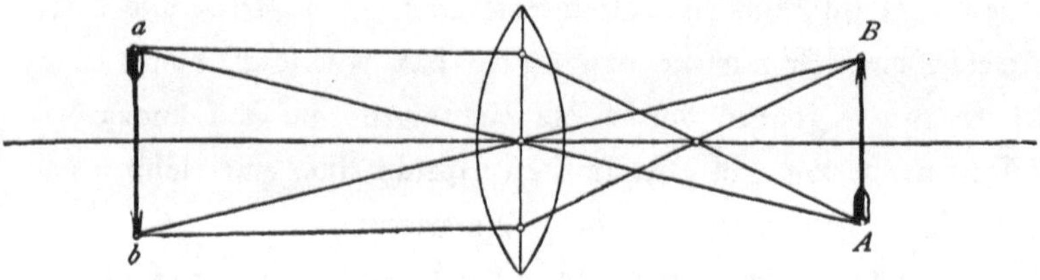

Fig. 9.

haben, ein umgekehrtes ist. Dieses Bild ist ein wirkliches, reelles, denn es läßt sich auf einer mattgeschliffenen Glasplatte auffangen. Nur muß diese, wenn es deutlich und scharf werden soll, an die richtige Stelle gehalten werden. Nur an einer Stelle, in einer Ebene tritt eine Vereinigung des von einem Punkt ausgehenden Strahlenbündels zu einem Punktbild ein. Davor oder dahinter entsteht an Stelle eines Punktbildes das eines Kreises, des sog. Zerstreuungskreises, da das Strahlenbündel sich noch nicht wieder vereinigt hat, bzw. schon wieder auseinandergegangen ist. Nähert sich der Pfeil, so entfernt sich sein Bild von der Linse und umgekehrt. Aus allem ist wohl deutlich geworden, daß zwischen der Lage des Gegenstandes und seines Bildes zur Linse die feste Beziehung besteht, daß ein Gegenstand in bestimmter Entfernung von der Linse nur an einer ganz bestimmten berechenbaren Stelle ein deutliches Bild entwirft. Umgekehrt können in verschiedener Entfernung liegende Gegenstände nie gleichzeitig auf der Mattscheibe ein scharfes Bild geben.

Wer sich mit Photographieren beschäftigt hat, weiß, daß er erst für das zu Photographierende die richtige Einstellung suchen muß. Wenn wir die Versuche mit einer Linse und Mattscheibe im hellen Zimmer vornehmen, stört uns das Seitenlicht beim Betrachten des Bildes. Deshalb werden wir gut tun, eine schwarze Umhüllung um die beiden Instrumente anzubringen. Die sog. Camera obscura ist fertig. Und noch eins können wir zur Erhöhung der Bildschärfe tun: Da alle Linsen Unvollkommenheiten im Schliff haben, ist es besser, nur den mittleren Teil zu benutzen und durch sog. Blenden, schwarze Scheiben mit verschiedenen großen Löchern, die Randstrahlen abzuhalten. Je enger die Blende, desto schärfer das Bild, freilich auch desto lichtärmer.

Um also bei einem photographischen Apparate auf der Mattscheibe ein möglichst scharfes Bild zu erzielen, muß derselbe enthalten:

1. eine gute Konvexlinse,
2. eine bewegliche Blendeneinrichtung.
3. eine lichtdichte, innen schwarz angestrichene Umhüllung.
4. eine verstellbare Mattscheibe.

Nun wollen wir das, was wir gelernt haben, einmal auf unser Auge übertragen, denn dieses ist ein photographischer Apparat.

An Stelle einer Konvexlinse hat es ein brechendes System, bestehend aus Hornhaut und Linse.

Seine Blendeneinrichtung, die Regenbogenhaut mit der Pupille, paßt sich automatisch, ohne unser Zutun, dem jeweiligen Helligkeitsgrade an.

Aderhaut und Mosaikschicht bilden mit ihrem Farbstoff die dunkle Auskleidung der von der derben Lederhaut gebildeten Hülle.

Und die Netzhaut endlich ist die Mattscheibe oder besser die photographische Platte zum Auffangen des Bildes. Genau wie im photographischen Apparat kommt auf ihr ein umgekehrtes Bild des betrachteten Gegenstandes zustande. Daß wir nicht alles auf dem Kopfe stehend sehen, ist die Arbeit unseres Gehirns.

Aber werden wir fragen: Wie steht es mit der Einstellung? Der Satz, daß nur die in einer Ebene liegenden Gegenstände gleichzeitig deutlich erscheinen, gilt auch für das Auge.

Ein richtig gebautes menschliches Auge ist in der Ruhe so eingestellt, daß gleichgerichtet einfallende Strahlen auf seiner Netzhaut ein scharfes Bild geben. Wie macht es nun das Auge, wenn es einen näher gelegenen Gegenstand deutlich sehen will? Daß es dazu imstande ist, weiß jeder aus eigener Erfahrung. Rufen wir uns jetzt ins Gedächtnis zurück, daß die Linsenkapsel durch Aufhängebänder an dem von einem Muskel durchzogenen Strahlenkörper befestigt ist, welche gewöhnlich gespannt sind, und auf die Linse einen Zug ausüben. Nun ist aber die Linse ein elastischer Körper, d. h. sie vermag sich infolge eines Zuges abzuplatten, nach Aufhören desselben aber ihre ursprüngliche Form wieder anzunehmen. Soll nun ein in der Nähe gelegener Gegenstand gesehen werden, so zieht sich der Strahlenkörpermuskel zusammen, was ein Vorwärtsrücken des Strahlenkörpers und ein Schlaffwerden der Aufhängebänder der Linse zur Folge hat. Die von Zug befreite elastische Linse erhält gekrümmtere Flächen und vermag, wie wir früher gesehen haben, infolgedessen die Lichtstrahlen stärker zu brechen. Ein feiner Nervenapparat erzielt es, daß die Brechkraft um gerade so viel erhöht wird, als jeweils zum Deutlichsehen nötig ist. Das Auge setzt gleichsam noch eine weitere Konvexlinse zu der seinigen hinzu. Diese Tätigkeit nennt man Akkommodation (Fig. 10).

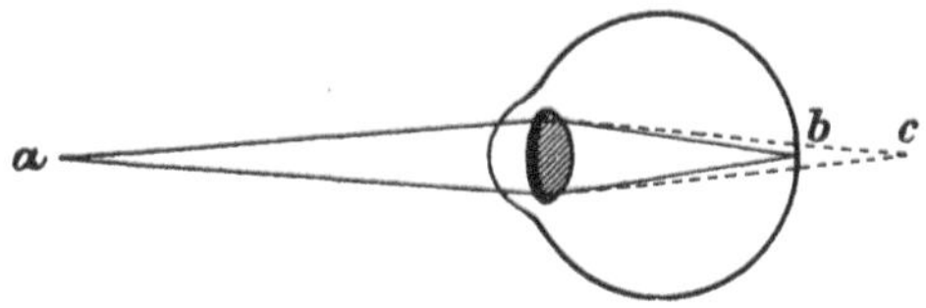

Fig. 10. Verlauf aus der Nähe kommender Strahlen im Auge ohne (*c*) und mit Akkommodation (*b*). Die schwarze Sichel an der Vorderseite der Linse zeigt die Wölbungszunahme bei Akkommodation.

Im Alter läßt die Elastizität der Linse allmählich nach, so daß ein Abnehmen der Fähigkeit, in der Nähe deutlich zu sehen, eintritt. Anfangs werden nach längerem Lesen oder Schreiben die Buchstaben plötzlich undeutlich und verschwimmen. Später macht sich das Bedürfnis geltend, das Buch weiter vom Auge wegzuhalten. Besonders bei künstlicher Beleuchtung treten diese Erscheinungen unangenehm hervor. Man bezeichnet sie als Alterssichtigkeit. Das Auge gibt uns durch sie deutlich genug zu erkennen, daß es die ihm zugedachte Arbeit nicht mehr ohne Anstrengung leisten kann. Nun lassen wir uns aber auch durch diese Zeichen warnen und belehren, und ersetzen wir die Akkommodation, die die Linse nicht mehr ausführen kann, durch eine entsprechende Konvexbrille (Fig. 11)! Wie oft muß der Arzt hören: „Ich will noch ohne Brille auskommen, ich will mich nicht an eine Brille gewöhnen, ich will keine stärkere Brille nehmen, es könnte die Augen noch mehr schwächen". Das ist Unsinn. Was würden wir wohl sagen, wenn jemand behauptete, ein Soldat würde im Manöver um so besser marschieren, wenn er schlecht passende Stiefel trüge, das wäre für seine Füße nützlich? Man braucht nur in ein Lesezimmer zu gehen und sich dort umzusehen. Da balanciert bei einem oder dem anderen ganz vorn auf der Nase, gewöhnlich schief sitzend der Kneifer. Der Kopf ist nach hinten gelegt, der Arm mit der Zeitung weit ausgestreckt

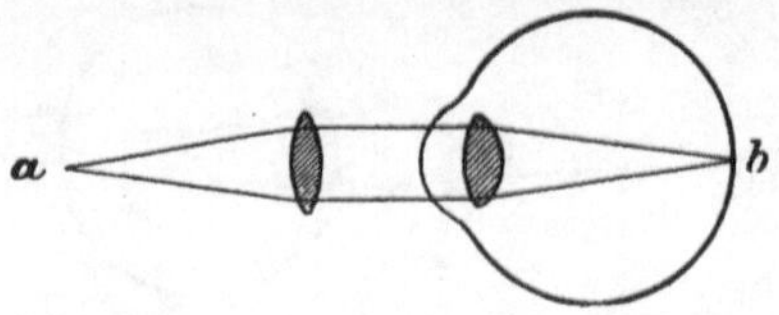

Fig. 11. Wirkung der Konvexbrille bei Alterssichtigkeit.

und in die Nähe der Lampe gehalten. Und warum macht der gelehrte Herr solch akrobatische Künste und mutet sich derartige Anstrengungen zu? Fragen wir ihn nur. Er wird es uns sagen, er will seine Augen schonen.

Wenn jemand beim Lesen mit seiner Brille Kopfschmerzen bekommt, so ist sie meist nicht zu stark, wie es immer heißt, sondern zu schwach. Daß die Brille zu stark ist, zeigt sich dadurch, daß man das Buch resp. die Arbeit zu nahe halten muß. Die Stärke der Brille richtet sich nach dem Lebensalter. Ein normalsichtiges Auge beginnt ums 45. Jahr herum mit Abnehmen der Akkommodation. Es ist einerlei, ob einer sich nun gleich bei Auftreten der Beschwerden eines Glases bedient oder noch einige Jahre sich so abquält, mit 50 Jahren wird er in beiden Fällen die gleiche Nummer brauchen. Die vorherige Abschinderei hat ihn um nichts gefördert.

Wie wir vorhin sahen, vereinigt ein normal brechendes Auge gleichgerichtete Strahlen auf seiner Netzhaut zu einem scharfen Bilde (Fig. 12). Es gibt aber auch Augen, die zu kurz gebaut sind, ihre Netzhaut fängt, da sie zu nahe liegt, die Strahlen auf, noch ehe sie sich wieder zu einem Punktbilde vereinigt haben. Wenn dies schon bei gleichgerichteten Strahlen (Fig. 13 *a*) der

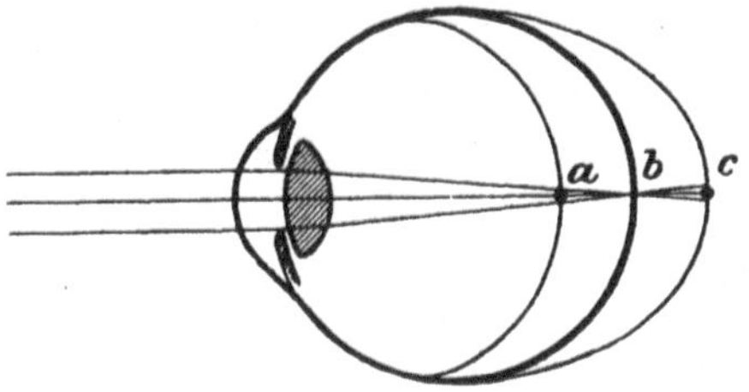

Fig. 12. Verlauf gleichgerichteter Strahlen im übersichtigen (*a*), normalsichtigen (*b*) und kurzsichtigen Auge (*c*).

Fall ist, so macht es sich noch in so höherem Grade bei aus der Nähe kommenden divergenten (*b*) geltend. Wir nennen ein so gebautes Auge weitsichtig oder besser: übersichtig. Ein übersichtiges Auge vermag unkorrigiert weder in die Ferne noch in der Nähe

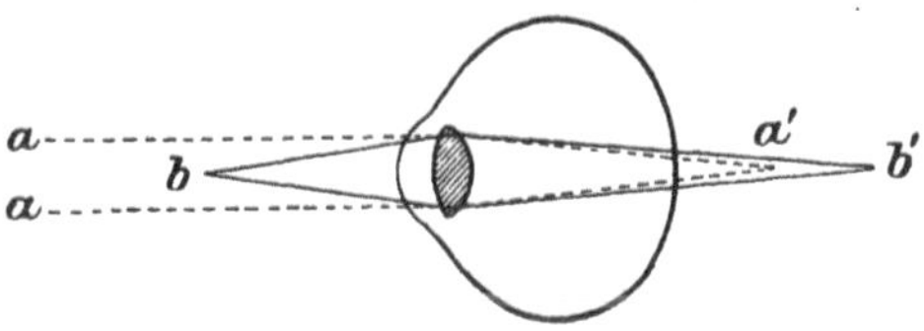

Fig. 13. Verlauf gleichgerichteter (*a*) und aus der Nähe kommender (*b*) Strahlen im unkorrigierten übersichtigen Auge.

deutlich zu sehen. Übersichtigkeit ist bei fast allen Neugeborenen vorhanden, geht aber meist mit fortschreitendem Wachstum der Kinder in Normalsichtigkeit über. Bleibt sie bestehen und ist sie nicht zu hochgradig, so vermag ein jugendliches Auge sie auszugleichen, indem es schon beim Sehen in die Ferne durch Akkommodation die Brechkraft seiner Linse so weit erhöht, daß die Vereinigung gleichgerichteter Lichtstrahlen nicht vor, sondern auf der Netzhaut zustande kommt. Beim Arbeiten in der Nähe,

z. B. Lesen, Schreiben, Nähen, muß es sich natürlich weit mehr anstrengen als ein normal gebautes, denn es muß erstens seine Akkommodation anwenden, um seine Übersichtigkeit auszugleichen, zweitens aber auch noch für die Nähe akkommodieren in gleicher Weise wie ein normal gebautes.

Es wird deshalb eher als dieses bei seiner Beschäftigung ermüden. Die Buchstaben beginnen vor den Augen zu schwimmen, die Augen tränen und Kopfweh über der Nasenwurzel stellt sich ein. Mit zunehmendem Alter läßt die Ausgleichungskraft der Akkommodation immer mehr nach, so daß bald nicht nur in der Nähe, sondern auch in die Ferne schlecht gesehen wird. Die Augen sind scheinbar schlechter geworden, nur scheinbar, in Wirklichkeit ist nur die von Anfang an durch den Augenspiegel meßbare Übersichtigkeit, da sie nicht mehr durch die Akkommodation ersetzt werden kann, deutlich geworden. Kinder mit höherem Grade von Übersichtigkeit sind übel daran, da ihr schlechtes Lesen für Dummheit, ihre Beschwerden, wie ich mich oft überzeugt habe, von den Eltern als schlechte Angewohnheit aufgefaßt und demgemäß behandelt werden. Wenn wir offen sein wollen, so ist das schöne Wort von der üblen Angewohnheit hierbei eine Redensart, und nichts anderes, als ein Deckmäntelchen für die Bequemlichkeit oder Gleichgültigkeit der Eltern. Viel zweckmäßiger wäre es meiner Meinung nach, die Kinder einmal untersuchen zu lassen. Wird nichts Krankhaftes gefunden, gut, so hat man die Freude, gesundäugige Kinder zu haben und kann nun mit ärztlicher Approbation erzieherisch einwirken. Findet sich aber Übersichtigkeit, so ist dem Übel leicht durch ein Konverglas abzuhelfen.

Das Gegenteil der Übersichtigkeit ist die Kurzsichtigkeit. Das kurzsichtige Auge ist zu lang gebaut, so daß sich gleichgerichtete Strahlen (Fig. 14 *a*) nicht **auf**, sondern schon **vor** (*a'*) der Netzhaut treffen. Dagegen von Gegenständen, welche näher am Auge liegen (*b*), kommt ohne Akkommodation ein deutliches Bild auf der Netzhaut (*b'*) zustande, und zwar muß ihr Abstand vom Auge um so kleiner sein, je länger das Auge gebaut, d. h. je

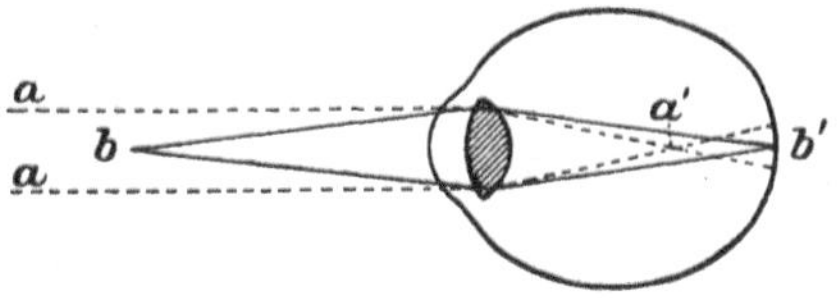

Fig. 14. Verlauf gleichgerichteter (*a*) und vom Fernpunkt (*b*) kommender Strahlen im kurzsichtigen Auge.

kurzsichtiger es ist. Aus dem Abstand dieses sog. Fernpunktes (*b*) vom Auge läßt sich der Grad der Kurzsichtigkeit berechnen. Die gewöhnliche Kurzsichtigkeit entwickelt sich in der Schulzeit bis zum vollendeten Wachstum, also etwa bis zum 25. Lebensjahre. Schlechtes Sehen in die Ferne ist das Hauptsymptom der Kurzsichtigkeit. Die Betroffenen helfen sich oft durch Zukneifen der Augen und Blinzeln. Namentlich sieht man das bei Damen, denen die herrschende Mode ja das Tragen eines Glases verbietet. Ich muß aber gestehen, ich halte eine Dame mit Glas doch für bei weitem schöner, als eine solche, die fortwährend, um deutlich zu sehen, die entsetzlichsten Grimassen schneidet. Für die Naharbeit sind Kurzsichtige mäßigen Grades besser daran als Normalsichtige, da sie keiner oder nur geringer Akkommodation bedürfen. Sie brauchen auch im Alter erst später oder nie eine Konvexbrille für die Nähe. Ihre Augen werden deshalb für besonders stark gehalten. Die so oft erwähnte Großmutter, die mit 80 Jahren noch ohne Brille lesen konnte, hatte nicht etwa besonders gute Augen, sondern besaß eine Kurzsichtigkeit von etwa vier Dioptrien. Ein normal gebautes Auge, und wenn es noch so gesund ist, braucht mit 80 Jahren eine Konvexbrille von vier Dioptrien.

Von der gewöhnlichen Kurzsichtigkeit, der gutartigen, stationären oder Schulkurzsichtigkeit ist zu trennen die bösartige, fortschreitende, die sehr bedeutend wird und mit Schwachsichtigkeit und Veränderungen im Augenhintergrund Hand in Hand geht. Zu ganz ungeheuren Verlängerungen des Auges kann es hierbei kommen, ja sogar zu Ausbuchtungen im hinteren Augenpol. Daß bei einer solchen Zunahme der Längsachse eine Dehnung der nicht elastischen inneren Augenhäute eintreten muß, ist begreiflich, ebenso auch, daß diese Dehnung der so zarten Gebilde schwere Schädigungen derselben im Gefolge hat. Zerstörungen in der Aderhaut (siehe Fig. 18 und 19), Glaskörpertrübungen, Blutungen in der Netzhaut oder Ablösung derselben kommen vor und vernichten das ohnedies schon schwache Sehvermögen fast völlig. Sie künden sich an durch Schiefstehen der Buchstaben und Zeilen, durch Auftreten eines Nebels in irgend einem Teile des Gesichtsfeldes und erfordern das schnellste Eingreifen des Arztes. Diese hochgradige Kurzsichtigkeit kann schon in frühester Jugend auftreten. Blutsverwandtschaft der Eltern und Erblichkeit spielen bei ihrer Entstehung eine Rolle.

Über die Ursache der gewöhnlichen Kurzsichtigkeit gehen die Ansichten noch weit auseinander. Keine der zahlreichen Theorien hat sich bis jetzt allgemeine Geltung verschaffen können. Zwei Richtungen sind es hauptsächlich, zwischen denen in den Fachblättern noch immer ein heftiger Kampf tobt. Auf der einen Seite stand der kürzlich verstorbene Professor Cohn, der vor allem die Schule verantwortlich machte, und demgemäß immer und immer wieder seine Stimme für Verbesserung der schulhygienischen Verhältnisse erhob. Auf der anderen Seite steht

Professor Stilling. Dieser hält den Druck, den der obere schräge Augenmuskel bei der Naharbeit auf den wachsenden Augapfel ausübt, für die Ursache des Längerwerdens des Auges. Da dieser Druck aber nur bei niedriger Augenhöhle stattfindet, und da die Höhe der Augenhöhle abhängig vom Schädelbau, nicht aber von der Schulhygiene ist, so hält Stilling die Cohnschen Ansichten über die Schädlichkeit der Schule für übertrieben und nicht geeignet eine wesentliche Herabsetzung der Kurzsichtigkeitsfrequenz zu erzielen. Die Naharbeit, besonders das Lesen und Schreiben, spielt aber auch in seiner Theorie eine Rolle, indem eben nur bei der Naharbeit der schräge Augenmuskel das Auge drückt. Jedenfalls ist Tatsache, daß in den höheren Klassen der Gymnasien die Kurzsichtigkeit weit häufiger ist, als bei gleichaltrigen jungen Leuten, die nicht so lange die Schule besuchten. Die Statistik hat übrigens ergeben, daß studierende Mädchen noch mehr zur Kurzsichtigkeit neigen, als studierende Knaben. Ob hieran größere Disposition oder ein größerer Fleiß der jungen Damen schuld ist, muß noch festgestellt werden.

Wie die Entscheidung einst auch ausfallen mag, sicher ist und bleibt es ein großes Verdienst Cohns, die Aufmerksamkeit auf die oft den geringsten Anforderungen der Hygiene Hohn sprechenden Schuleinrichtungen gelenkt zu haben. Wer hat früher daran gedacht, auf die Beleuchtung zu achten, wer, die Bänke der Größe der Schüler anzupassen, wer, auf geraden Sitz Wert zu legen?

Die Einführung der modernen Bänke mit Minusdistanz, des größeren Buchdruckes, die Abschaffung der Schiefertafel, sind Cohns Werk. Aber nicht die Schule allein soll wirken, damit ist es nicht getan, die Eltern müssen auch ihr Teil dazu tun. Was nutzt die beste Beleuchtung, die beste Bank in der Schule, wenn die Kinder zu Haus bei trübem Licht oder aber bei zu grellem, ohne Schirm, das sie blendet, auf den Tisch aufgelehnt, die Nase aufs Buch gesenkt, ihre Aufgaben machen müssen? Zu verhindern, daß die Kinder in der Dämmerung, daß sie im Bett lesen, das ist der Eltern Sache. Ihre Sache ist es, zum Geradensitzen zu ermahnen, und immer wieder zu ermahnen, und geht es trotzdem nicht, so soll dies ein Zeichen sein, daß das Kind vielleicht nicht kann, weil an seinen Augen etwas fehlt.

Die Mehrzahl der Augenärzte ist von der Ansicht, das Tragen einer Brille sei kurzsichtigen Augen schädlich, abgegangen. Im Gegenteil hat die Statistik ergeben, daß bei von Jugend auf voll korrigierten Augen die Kurzsichtigkeit nicht zunahm. Bedingung aber ist, daß es sich um sonst gesunde Augen mit guter Sehschärfe handelt, und das vermag nicht der Brillenhändler zu entscheiden, sondern allein die Augenspiegeluntersuchung des Arztes. Es läßt sich bei den ersten Anfängen der Kurzsichtigkeit oft nicht sagen, ob es sich um die stationäre oder fortschreitende Form handelt. Deshalb soll ein kurzsichtiges Kind mindestens alle Jahre einmal, möglichst von dem gleichen Augenarzt untersucht werden, damit durch Vergleich der alten und neuen Befunde eine Entscheidung getroffen werden kann. Die Brillenwahl, namentlich bei höherem Grade der Kurzsichtigkeit, erfordert die genaue Erwägung jedes einzelnen Falles. Es ist ein Leichtsinn, diese einem Brillenhändler, der ja weder den Grad der Kurzsichtigkeit noch die Art derselben mit dem Augenspiegel feststellen kann, zu überlassen. Zur Illustrierung folgendes: Als ich mich kurze Zeit niedergelassen hatte, ließ mir ein Brillenhändler sagen, er könne sich nicht alle Gläser halten, die ich zu verordnen für gut fände, dazu verdiene er nicht genug daran, er habe eine Reihe von Brillen vorrätig, davon müsse schon eine passen; und ein anderer, das sei Unsinn, auf Sitz der Brille, Pupillenabstand und Art des Sattels Wert zu legen. Brille sei Brille. Wenn dies dem Arzt geantwortet wird, der doch durch Zuweisung von Brillenbedürftigen das Geschäft heben kann, wie muß es da mit der Sorgfalt für den einmaligen Käufer stehen?

Die Konkavgläser, die bei Kurzsichtigkeit zur Anwendung kommen, haben eine zerstreuende Wirkung (Fig. 15). Dieselbe wird uns klar, wenn wir uns zwei Prismen mit den brechenden Kanten aufeinander gesetzt denken. Ganz hochgradige Fälle von Kurzsichtigkeit können operiert werden, worauf ich später zurückkomme.

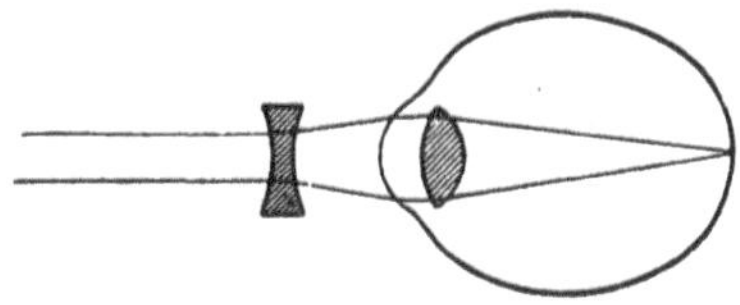

Fig. 15. Wirkung der Konkavbrille bei Kurzsichtigkeit. Die gleichgerichteten Strahlen werden durch die Konkavlinse divergent gemacht.

Augen, deren Hornhäute unregelmäßig gewölbt sind, werden astigmatisch genannt. Zu ihrer Korrektur sind besonders geschliffene, sog. Zylindergläser, erforderlich.

Wenn jemand seinen Sohn, der ein steifes Bein hat, Schnelläufer werden lassen wollte, so würde ihn jedermann für verrückt halten. Aber daß man bei der Berufswahl für sein Kind auch den Zustand der Augen berücksichtigt, fällt nur den wenigsten Eltern ein. Früher gab es eine Entschuldigung: „Wir haben es nicht gewußt!" Aber in Städten mit Schulärzten werden ja die Schulkinder untersucht und bekommen gesagt, wenn sie schlechte Augen haben. Bei der Entlassung aus der Schule wird noch besonders darauf aufmerksam gemacht. Ob es einen Wert hat? Nach den Erfahrungen aus meiner Praxis glaube ich es nicht. Wer könnte auch von den Eltern verlangen, sich um so etwas zu kümmern? Aber wenn diese doch auch nur einmal hören könnten, wie später so ein Mensch, wenn seine Augen den für sie gar nicht passenden Beruf nicht aushalten, und wenn er dadurch im Konkurrenzkampf aufs Pflaster geschmissen ist, seiner verständnisvollen Erzeuger gedenkt. Die Eltern haben Rechte über ihre Kinder, aber auch Pflichten. Dessen mögen sie stets eingedenk sein.

Im Anschluß an die Brechungsfehler wollen wir ein Leiden besprechen, welches zu ihnen in gewissen Beziehungen steht. Ich meine das Schielen. Während es bei der Landbevölkerung vielfach gar nicht beachtet wird, ist es für den Städter, der etwas auf sein Äußeres gibt, recht schmerzlich, wenn eins seiner Augen, anstatt hübsch geradeaus zu sehen, „um die Ecke herum guckt". Wieviel Hohn und Spott müssen nicht die armen Kinder wegen ihrer Entstellung von ihren Kameraden einstecken. Diese Verschiebung eines Auges nach einer Seite ist nicht zu verwechseln mit dem sog. Lähmungsschielen. Alle Muskeln des Schielauges funktionieren vielmehr normal und seine Beweglichkeit ist in keiner Richtung gestört. Am häufigsten ist das schon in früher Jugend auftretende Einwärtsschielen, bei welchem ein Auge nach der Nase zu gedreht erscheint. Das fehlende Zusammenarbeiten beider Augen macht sich am Stereoskop geltend. Schiebt man in ein solches Instrument z. B. vor das rechte Auge das Bild eines Käfigs, vor das linke das eines Vogels, so vereinigen sich bei Normalstellung der Augen die Bilder so, daß der Vogel im Käfig zu sitzen scheint; anders beim Schielenden. Er sieht nur das Bild, welches vor dem geradeaus stehenden Auge sich befindet. Den Seheindruck des Schielauges hat er von Jugend auf zu unterdrücken gelernt, wie wir ja auch beim Mikroskopieren schon nach kurzer Übung das zweite Auge offen lassen können, ohne daß uns seine Seheindrücke stören. Sehr oft ist auch das Schielauge so hochgradig schwachsichtig, daß es nur Handbewegungen in der Nähe zu unterscheiden vermag. Ob infolge des Nichtgebrauchs durch das Schielen die Schwäche entstanden ist oder umgekehrt, ist noch strittig. Sind beide Augen gleich gut, so treten sie bisweilen abwechselnd in Schielstellung. Demgemäß wird, je nachdem das eine oder andere Auge schielt, bald der Käfig, bald der Vogel gesehen, nie aber beide zusammen. Das Einwärtsschielen ist recht oft mit Übersichtigkeit verbunden. Ist es nicht zu hochgradig, so kann in diesem Falle eine Konvexbrille es beseitigen. Die früher empfohlenen Schielbrillen, welche vor dem Auge nur ein entsprechend angebrachtes Loch frei ließen und es dadurch zwingen wollten, daß es unter Aufgabe der Schielstellung durch dasselbe sehen sollte, sind verlassen worden. Sie haben keinen Zweck. Dagegen sind stereoskopische Übungen mit besonders hierzu konstruierten Bilderserien sehr zu empfehlen.

Wird kein Erfolg erzielt, so ist die Operation am Platze. Ob ein oder beide Einwärtszieher abgelöst und dadurch verlängert oder ein oder beide Auswärtswender verkürzt werden sollen, hängt vom Schielgrad ab und muß dem Augenarzte überlassen werden. Die Loslösung eines einwärts drehenden Muskels vermag nur 2 bis 3 mm Ablenkung zu korrigieren. Ein geringer Rest soll übrigens bestehen bleiben. Steht das Auge im Anfang schon sehr schön, so kann es nach Jahren zur unliebsamen Überraschung von Arzt und Patient nach außen gegangen sein. Man muß dieses dem Patienten vorher sagen, ebenso, daß die Operation nur den Stellungsfehler beseitigen soll und kann, nicht aber die etwa bestehende Schwachsichtigkeit des Schielauges. Ein Dauererfolg kann nur dann eintreten, wenn durch nach der Operation vorzunehmende stereoskopische Übungen wieder ein Zusammenarbeiten beider Augen erreicht wird. Das Zusammenarbeiten hält das Auge in seiner Stellung fest wie die Kette, welche ein Pferdegespann mit der Deichselspitze verbindet. Fehlt sie einem Pferde, so kann es beim Ziehen bald rechts, bald links abweichen. Nicht so gut sind die Erfolge beim Auswärtsschielen. Die anfangs schöne Stellung geht leider im Laufe der Jahre gar oft wieder verloren. Auswärtsschielen stellt sich im Gefolge der Kurzsichtigkeit ein. Kurzsichtige stärkeren Grades ohne Brille halten, was sie betrachten wollen, sehr nahe. Die Einwärtswender sollen nun die Augen, welche überdies noch verlängert sind, nach innen drehen. Das wird ihnen bald zu viel. Anstatt daß beide Augen sich nach einwärts wenden, tut es nur das eine, während das andere entsprechend weit nach außen geht. Später bleibt es auch beim Blick in die Ferne so stehen. Eine passende Konkavbrille event. mit Prismen kann bei Beginn des Leidens gute Wirkung haben. Auch Augen, welche durch irgend einen Umstand schwach oder blind geworden sind, stellen sich gerne nach außen.

Das Auge ist eines der meist gebrauchten Organe des menschlichen Körpers. Von morgens, wenn wir erwachen, bis wir abends uns zur Ruhe legen, sind sie stets und ständig tätig. Bald sind sie genötigt, im grellen Sonnenlichte, bald im Schatten oder in der kontrastreichen künstlichen Beleuchtung ihre Dienste zu tun. Sie müssen in gleicher Weise den Staub der Straße, den Rauch der Wirtshäuser, den Schmutz und Ruß oder die scharfen Dämpfe gewerblicher Betriebe aushalten. Und wenn das Auge auch durch eine Reihe von Schutzvorrichtungen gegen Fremdkörper und grelles Licht geschützt ist, so hat doch natürlich deren Wirksamkeit ihre Grenzen, und vielerlei Krankheiten befallen das Auge.

Die häufigste Augenerkrankung ist die Entzündung der Bindehaut. Lichtempfindlichkeit, Drücken, Brennen, Schwere, Gefühl von Sandkörnern in den Augen, namentlich abends, Verklebtsein am Morgen, sind ihre Symptome. Gefährlich ist sie meist nicht, deshalb aber nicht weniger lästig und unangenehm, und wenn sie chronisch geworden ist, durch ihre schwere Heilbarkeit ein Kreuz in gleicher Weise für Patient und Arzt.

Aber drei Arten der Bindehautentzündung, die sog. infektiösen, ansteckenden, bilden durch ihre Gefährlichkeit eine Gruppe für sich.

Da ist zuerst die ägyptische Augenkrankheit, das Trachom. Es bilden sich bei ihr sagoartige Körner in der Bindehaut, daher ihr Name Körnerkrankheit. Indem diese Gebilde zerfallen, entstehen Geschwüre, welche bei ihrer Vernarbung Verkürzung des Bindehautsackes und Verkrümmungen des Lides herbeiführen. Durch letzteres reiben die Wimpern auf der Hornhaut, so daß es zur Geschwürbildung und dauernden Trübungen derselben kommt, die das Sehvermögen schwer schädigen. Es wird sehr viel Unfug mit dem Worte ägyptische Augenkrankheit getrieben. Das was öfters in den Zeitungen als Schulepidemie derselben aufgebauscht wird, ist meist ein ganz harmloser Bindehautkatarrh. Rußland, Polen und die östlichen Teile von Deutschland sind die Hauptherde der Erkrankung. Armut, Unsauberkeit und schlechte hygienische Verhältnisse sind die Beförderer ihrer Verbreitung.

Ebenso gefährlich ist der Eiterfluß, welcher bei Neugeborenen in den ersten Tagen ihres Lebens auftritt. Die Augenlider schwellen stark an und entleeren bei der Öffnung oft im

Strahl hervorspritzenden gelben Eiter in ungeheurer Menge. Wird das Kind sofort in ärztliche Behandlung gegeben und gut und sorgfältig nach den Anordnungen des Arztes versorgt, so werden mit allerhöchster Wahrscheinlichkeit die Augen gerettet. Wird aber gebummelt und gepfuscht, so ist jede ärztliche Hilfe umsonst. Noch immer ist trotz allen Unterrichtes der Hebammen ein Drittel aller Insassen der Blindenanstalten durch diese Krankheit um ihr Augenlicht gekommen. Schrecklich! wo man mit Sicherheit sagen kann, daß rechtzeitige ärztliche Behandlung den allermeisten das Augenlicht erhalten hätte.

Kommt etwas Eiter in das Auge eines Erwachsenen, so tritt schon nach Stunden eine so heftige Entzündung auf, daß immer noch viele der so erkrankten Augen zugrunde gehen. Deshalb ist bei der Pflege höchste Vorsicht nötig.

Ab und zu kommt die dritte Form vor, die durch den Erreger der Rachendiphtherie hervorgerufene Diphtherie der Bindehaut, die ebenfalls sehr gefährlich ist.

Bei allen Arten von infektiösen Entzündungen ist natürlich sofort ärztliche Hilfe in Anspruch zu nehmen.

Wie verhüten wir nun eine einfache Bindehautentzündung? Zunächst ein paar allgemeine Vorschriften zur Schonung der Augen:

1. Am Morgen soll nicht gleich grelles Licht ins Auge fallen, deshalb soll das Bett nicht so stehen, daß der Schlafende ins Fenster sieht.

2. Nachtlichter sind stets so aufzustellen, daß das Gesicht des Schlafenden im Schatten liegt. Denn auch durch die geschlossenen Lider vermag noch viel Licht ins Auge zu dringen. Wenn dies aber schon bei Erwachsenen der Fall ist, um wie viel mehr bei Neugeborenen. Und doch sieht man häufig ge-

nug die armen Würmer, die sich nicht wehren können, so gelegt, daß sie an den hellen Himmel oder gar in die Sonne starren müssen.

3. Im direkten Sonnenlicht soll niemals gelesen, geschrieben oder genäht werden. Der Arbeitsplatz ist vielmehr durch dichtgewebte, mattgelbe Vorhänge zu beschatten. Auftretendes Blendungsgefühl soll uns ein Zeichen sein, daß wir den Augen zu viel zugemutet haben. Wer im grellen Lichte zu arbeiten hat, bediene sich einer grauen Schutzbrille. Entschieden muß ich aber davor warnen, zum Lesen oder zum Schreiben oder an sonnenlosen, trüben Tagen eine solche zu tragen. Das verwöhnt die Augen und ist gerade so unsinnig, als wenn jemand einen Pelzmantel im geheizten Zimmer anbehalten würde.

4. Beleuchtungskörper dürfen nie so angebracht sein, daß der Arbeitende in die Lichtquelle blicken muß. Wenn schon unsere alte Petroleumlampe des Milchglasschirmes bedurfte, wie viel mehr muß es bei den modernen Gas- und elektrischen Lichtern der Fall sein. Und doch halten wir ihn bei diesen meistens für überflüssig.

5. Ein tägliches Auswaschen der Augen, d. h. des Bindehautsackes ist nicht nötig, wohl aber sollte täglich beim Waschen des Gesichtes die Lidhaut nicht vergessen werden.

6. Ist es durch Überanstrengung, sonstige Arbeit ꝛc. doch zu einer Bindehautentzündung gekommen, und die Augen brennen und tränen, so soll man nicht mit den Händen reiben. Einmal ist das unappetitlich, zweitens aber kleben auch an den saubersten Fingern stets Bakterien, welche durch das Wischen in die Lidränder und Bindehaut geradezu eingeimpft werden und die Entzündung verschlimmern. Nimmt man zum Reiben ein Taschentuch, so überträgt man damit die Entzündung von einem

Auge zum andern. Wenn absolut gewischt werden muß, so steckt man sich eine Blechbüchse mit Wattebäuschchen in die Tasche und benutzt jedesmal ein frisches Bäuschchen.

7. Man darf aber nie von oben nach unten wischen, wie es gewöhnlich gemacht wird, sonst krümmt sich nach einiger Zeit der innere Teil des unteren Lides nach unten und außen. Dadurch taucht das untere Tränenröhrchen nicht mehr in den Tränensee. Infolgedessen laufen die Tränen an den Wangen herab, was zu neuem Wischen und im circulus vitiosus zu stärkerer Abdrehung des Lides führt. Also von unten nach oben zart tupfen!

8. Auch bei der Verbreitung ansteckender Augenkrankheiten, — und der Ansteckung verdächtig sind alle, die mit stärkerer Absonderung einhergehen, — spielt das Wischen eine Rolle. Reibt z. B. ein Kranker mit ägyptischer Augenkrankheit mit den Fingern am Auge und faßt darnach eine Türklinke oder ein Werkzeug an, so braucht nur ein anderer nach ihm diese Gegenstände zu berühren und sich dann am Auge zu reiben, und die Ansteckung ist erfolgt. Und wie oft kann man sehen, daß Frauen sich zuerst mit ihrer in bezug auf Reinheit nicht immer ganz einwandfreien Schürze die Augen wischen, um kurz danach mit Zuhilfenahme einer tüchtigen Dosis Speichel dieselbe Schürze zur Reinigung der Gesichter ihrer Sprößlinge zu benutzen. Daß Leute mit kranken Bindehäuten kein gemeinschaftliches Waschbecken oder Handtuch mit Gesunden haben dürfen, ist wohl selbstverständlich.

9. Lauwarmes abgekochtes Wasser und reine Watte, keine Karbolwatte, welche die Augen ätzt, sind die einfachsten Mittel zur ersten Behandlung. Bleiwasser kann bei Hornhautgeschwüren zur Bleiablagerung in diese führen und ist deshalb nicht an-

zuwenden. Ist aber am anderen Tage keine Besserung eingetreten, so gehe man zum Arzte und lasse das Probieren. Wer kennt nicht die schöne Episode über Hausmittel in Stindes Wilhelmine Buchholz? Wie sie zwei Tage ihren armen Mann, der Zahnweh hat, mit „Sympatty" und allem möglichen plagt, bis er mit dick geschwollener Backe vor Schmerz auf den Kopf steht. Ein Gang zum Arzt heilt in einer Viertelstunde das Übel. Wir wollen nicht den Pharisäer spielen und sagen: „Ich danke Dir, Gott, daß ich nicht bin wie andere Leute!" Hand aufs Herz, wer hat noch nie gepfuscht oder gehausmittelt? Das ist ja an sich ganz nett, aber man muß bedenken, daß das Auge ein sehr zartes Gebilde ist und das, was einmal vom Sehvermögen verloren gegangen ist, kein Arzt zurückgeben kann.

Warum muß als erstes Mittel bei Entzündungen „fließendes Bachwasser" benutzt werden? Das hatte vielleicht früher einen Sinn, als man noch Pumpwasser hatte, das vielfach hart war. Es wimmelt im Sommer in allen Wasserläufen von großen, kleinen und kleinsten Lebewesen, und das alles schmiert man ins Auge.

Bibliskäse ist ein vortreffliches Nahrungsmittel. Es ist deshalb nicht recht, daß Herr Pfarrer Kneipp ihn dem Magen seiner Mitmenschen entzogen hat, um ihn als vorzügliches Augenmittel anzupreisen. Wozu das Geschmier? Wozu Milch, Eiweiß und Speichel? Wozu die Schweinerei mit Urin und Kuhmist, wie sie in manchen Gegenden üblich ist? Und dann das Letzte, das ultimum refugium, das Stück Kalbfleisch. Ich habe oft darüber nachgedacht, aber nie die verborgene Weisheit finden können, warum es gerade Kalb fleisch sein muß. Das ist nämlich gerade so ünzweckmäßig, so schädlich wie jedes andere Stück Fleisch. Wenn ich nur einmal die Reihe derjenigen vorführen könnte, die sich durch die in der feuchten Wärme des aufs Auge gelegten Kalbfleisches üppig wachsenden Bakterien ein lang dauerndes Augenleiden zugezogen haben. Wie oft sah ich Hautausschläge, wie oft Hornhautgeschwüre darnach auftreten, die noch dazu eitrige waren.

Wenn man sich beim Pfuschen rechte Mühe gibt, so kann man nämlich erreichen, daß die Bindehautentzündung auch auf die Hornhaut übergreift. Auch von selbst kann die Hornhaut ohne vorherige Bindehautentzündung erkranken, namentlich bei skrofulösen Kindern.

Stärkere Lichtscheu, stärkeres Tränen und halbseitiges Kopfweh künden den Eintritt dieses Ereignisses an. Es bildet sich auf der Hornhaut zuerst ein kleiner weißer Fleck, später ein Substanzverlust, der erst in Wochen wieder heilt. Besonders gerne tritt dieses Ereignis immer und immer wieder bei skrofulösen Kindern ein, meist in Verbindung mit einer hochgradigen Lichtscheu. Es ist ein großer Fehler, die krampfhaft geschlossenen Augen dieser Kleinen auch noch zuzubinden. Gewöhnlich werden sie, ein dickes Tuch um den Kopf, das Gesicht an die Schulter der Mutter, deren Kleid schon an dieser Stelle die schmierigen Spuren aufweist, in die Sprechstunde gebracht. Öffnet man die Augen, so spritzen die eingepreßten Tränen im Strahl hervor. Zu Hause hat man das Kind gehalten im dumpfen Zimmer, im Bett, das Gesicht tief ins Kissen vergraben. Versuchen wir doch nur einmal einige Minuten auf dem Gesicht zu liegen! Wir werden schnell merken, was das für eine Hitze macht, und begreifen, daß es eine bestehende Augenentzündung steigern muß. Erwachsene pflegen bei schmerzhaften Augenerkrankungen möglichst bucklig auf dem Stuhl zu sitzen, die Ellenbogen auf das Knie, den Kopf in die Hand gestützt, in der anderen Hand ein Taschentuch, das ständig das Auge betupft. Der gestärkte Kragen ist nicht ausgezogen. Wer kann sich dann wundern, daß das Auge immer schlimmer, der Kopf immer heißer wird und immer mehr schmerzt? Die Hände vom Auge! Im Sessel sitzen! Den Kopf hinten angelehnt! Oder bequem auf das Sofa legen oder noch besser ins Bett! Den Kragen aus! Nebenbei eine Frage: Warum hat man eigentlich wohl über die Rückständigkeit des hohen Kragens bei unserem Militär geschimpft? Wie oft sind die Qualen, die der arme Soldat durchmacht, nicht geschildert worden? Jetzt hat das Militär die bequeme Litewka. Aber der wirklich feine, gebildete Mitteleuropäer hat das Folterinstrument in Gestalt eines Stehumlegkragens aufgenommen und trägt ihn möglichst hoch, stolz zur Schau. Nun ist's keine Quälerei, sondern eine Zierde. Ja, ja, wir lächeln auch mitleidig und verachtungsvoll über die Selbstquälereien der Chinesinnen. Aber diese haben nur einmal den Schmerz an ihren Füßen, während so viele, ach so viele von uns während ihres ganzen Lebens der Schuh drückt. Ist bei Kindern nur ein Auge erkrankt, so lasse ich es durch eine gewölbte, oft zu erneuernde Pappdeckelklappe verdecken, die das Licht abhält, aber doch ein Offenbleiben des Auges gestattet. Wie eine solche Klappe anzufertigen ist, zeige ich den Eltern. Sind beide Augen erkrankt, so darf Dämmerung im Krankenzimmer herrschen, aber keine Dunkelheit. Man ist jetzt überhaupt auch nach Operationen und bei inneren Augenleiden von den absoluten Dunkelkuren abgekommen, seit man erkannt hat, wie sie in gleichem Maße schädlich auf Gemüt und Körper wirken. Wenn die Augen vor Licht gehütet werden müssen, so soll man das durch lokale Schutzvorrichtungen zu erreichen suchen, ohne dem ganzen Körper die Wohltat des Lichtes zu entziehen. Wenn schon ein gesunder Mensch nicht ohne Luft und Licht sein Wohlbefinden dauernd erhalten kann, wie soll es ein Kranker in absoluter Dunkelheit wieder gewinnen? Ständig muß jemand bei Kindern mit skrofulöser Augenentzündung acht geben, daß sie auf dem Rücken liegen und mit den Händen nicht in den Augen reiben. Um die Lichtscheu zu heben, steckte man früher die Kinder mit dem Gesicht in einen Eimer mit eiskaltem Wasser. Das hilft, ist aber doch eine Roßkur. Ich lasse lieber ab und zu einmal mit kaltem feuchtem Schwamme über das Gesicht fahren. Diese Medikation kann man auch ohne zu beleidigen zu einer zarten Andeutung benutzen, den ganzen Körper des Kindes manchmal abzuwaschen. Gerade diese lichtscheuen Wesen kommen oft in einem ganz unglaublich schmutzigen Zustande in die Sprechstunde und zwar nicht nur etwa aus fehlender Sorgfalt oder Unreinlichkeit, sondern aus übergroßer Ängstlichkeit, weil jedes Anfassen mit Schreien beantwortet wird. Gerade bei diesen skrofulösen Augenerkrankungen muß neben der Behandlung der Augen eine allgemeine Kur hergehen, will man immer neue Nachschübe der Krankheit vermeiden. Allgemeine Abhärtung, Gewöhnung des ganzen Körpers an die freie Luft, indem man den Kindern gestattet, sich täglich einige Zeit ohne Kleiderschutz zu tummeln, ev. auch Solbäder, Lebertran und Badekuren sind zu empfehlen. Das hilft auch mehr als die Rückerinnerung an die Wildenzeit, die Ohrringe, die ja so sehr als Augenheilmittel in manchen Gegenden gang und gäbe sind, daß sogar schon Patienten Ohrringe bei mir kaufen und zum mindesten die Löcher dazu von mir stechen lassen wollten. Nur muß man bei der Kräftigung des Allgemeinzustandes nicht in den entgegengesetzten Fehler verfallen und alle örtliche Behandlung verpönen. Denken wir uns in die wogende Feldschlacht. Über dem Haupte unseres Kameraden schwebt die blitzende Klinge. Was werden wir tun? Wollen wir den Gegner durch einen Schlag zu töten versuchen? Bis dahin kann längst des Freundes Schädel gespalten sein. Werden wir nicht zuerst den drohenden Schlag parieren und erst dann den Gegner unschädlich machen? Eine Augenerkrankung, z. B. eine Regenbogenhautentzündung sei das Schwert. Mit dem Eintropfen einer Lösung von Atropin, des sehr starken Giftes aus der Tollkirsche, können wir in 90% Heilung mit gutem Sehvermögen erzielen. Wollen wir aber, wie streng überzeugte Naturheilkundige, das Gift weglassen und nur durch Stärkung des Allgemeinzustandes, oder wie es heißt, der natürlichen Schutzvorrichtungen des Körpers einwirken, so können wir auch die Entzündung zum Stillstehen bringen, aber bis wir das erreichen, wird 90 mal vom Hundert das Sehvermögen in mehr oder minder hohem Grade unheilbar geschwächt werden. Die Augen sind aber nun einmal zum Sehen da, und es wird dem Patienten gewiß herzlich wenig an der Versicherung liegen, daß seine Regenbogenhautentzündung „naturgemäß" geheilt sei, wenn das Auge danach unbrauchbar ist. Eine Allgemeinbehandlung zur Entfernung der die Krankheit auslösenden Ursache und zur Vermeidung von Rückfällen wird natürlich neben der Lokalbehandlung von jedem tüchtigen Arzte eingeleitet werden. Aber d i e gift- und operationslose Heilkunde möchte ich sehen, die einen grauen oder grünen Star so zu heilen vermag, wie wir es können. Hier läßt sie ihn im Stiche, ebenso wie in der Geburtshilfe. Doch, um wieder auf die skrofulösen Augenerkrankungen zurückzukommen, muß unter allen Umständen vom Arzte, nötigenfalls mit einem Instrument, das kranke Auge geöffnet werden, damit die Hornhaut besichtigt werden kann. Diese kann nämlich unter den festverkrampften Lidern völlig durch ein Geschwür zerstört werden und das Sehen unwiederbringlich verloren gehen. Denn jedes Geschwür heilt mit Trübungen. Wenn sich jemand irgendwo schneidet oder reißt, so gibt's bekanntlich eine Narbe. Wohl jeder von uns kann an seinen Händen eine derartige Reminiszenz einer einstigen Verletzung aufweisen. Aber warum verwundert man sich dann so, daß auch die Hornhaut das Recht der Narbenbildung in Anspruch nimmt? Immer und immer wieder produzieren mir die Patienten die weißen Hornhautflecken, die Narben früherer Geschwüre, mit den Worten: „Der Doktor hat zu scharfe Mittel angewandt." Es ist nun einmal leider so, daß jeder Substanzverlust der Hornhaut mit einer Trübung ausheilt. Liegt diese gerade vor der Pupille, so stört sie das Sehen natürlich in hohem Maße. Besonders gefürchtet wegen ihrer ausgedehnten Narben waren die bei den Blattern auftretenden Hornhautentzündungen. Etwa 50% der Blinden waren früher durch die Blattern um ihr Augenlicht gekommen. Und jetzt? Sehen wir uns die Statistik der Blindenanstalten an. Wo überhaupt sich noch ein Blatternblinder findet, da ist es ein alter Mensch oder aber er stammt aus Ländern ohne Zwangsimpfung. Kann wohl ein besserer Beweis für den Nutzen des Impfens erbracht werden?

Gefährlich sind auch die eitrigen Geschwüre. Diese entstehen meistens durch Infektion oft nur ganz geringfügiger Verletzungen, wenn nämlich gleichzeitig eine Tränenkanalverstopfung besteht. Länger dauerndes Tränen eines Auges deutet auf Verlegung der Tränenwege. Niemand sollte einen derartigen Zustand bei sich aufkommen lassen. In den gestauten Tränen des Tränensackes wimmelt es von zahllosen Bakterien, die bei der geringsten Hornhautverletzung, die jedem von uns zustoßen kann, sich sofort ansiedeln und ungemein rasch um sich greifend bösartige Geschwüre bilden. Nach hunderttausend Mark zählen die Renten, welche alljährlich, namentlich an die Landbevölkerung wegen hierdurch eingetretener Erwerbsbeschränkung ausbezahlt werden, und alle diese Augen wären nicht erkrankt, wenn die Betroffenen zur rechten Zeit ihr Tränenleiden hätten behandeln lassen. Selbst wenn das Geschwür schon aufgetreten ist, ist noch Rettung möglich. Aber wie selten sieht man in ländlicher Klientel ein eitriges Geschwür im Anfangsstadium? Meistens ist schon ein Drittel bis ein Viertel der Hornhaut vernichtet, wenn der Erkrankte zum Arzt kommt, und wenn es auch noch gelingt, dem Prozeß Einhalt zu tun, so ist doch das Sehvermögen dauernd verloren. Hornhautverletzungen entstehen auch sehr häufig durch ansschlagende Zweige im Wald oder am Blumentisch, oder durch die Fingernägel der Kinder. Sie heilen meist schnell, haben aber die üble Eigenschaft nach kürzerer oder längerer Zeit plötzlich eines Morgens wieder aufzubrechen. Man soll also ein derartiges Ereignis von Anfang an nicht zu leicht nehmen.

Ist jemand ein Fremdkörper ins Auge gekommen, so sollte er versuchen, ihn durch Waschen mit lauwarmem Wasser herauszuspülen. Aber er plage sich nicht zu lange. Es ist viel einfacher und besser, sich in einer Sekunde vom Arzte heilen zu lassen, als tagelang unter scheußlichen Beschwerden herumzurennen und dann doch noch zum Arzte zu müssen. Beim Eindringen ätzender Stoffe ist das Auge gründlich aber zart mit Wasser auszuspülen, bei schweren Verletzungen, wenn der Augapfel durch Stich oder Schnitt eröffnet ist, kann der Laie nichts anderes tun, als sofort das Auge zubinden und ärztliche Hilfe besorgen. Selbst zentimeterlange Wunden des Augapfels lassen sich durch Naht schließen, wenn nur die Wunde nicht verunreinigt wird, und kein Fremdkörper im Auge steckt. Eisensplitter werden mit großen Magneten herausgezogen. Bei allen den Augapfel eröffnenden Verletzungen besteht die Gefahr, daß auch das andere Auge erkrankt. Sympathische Ophthalmie nennt man diese unheimliche, scheußliche Erkrankung. Zwei Drittel der Verantwortung würden vom Augenarzte genommen sein, wenn sie nicht vorhanden oder mit Sicherheit heilbar wäre. Ist ein verletztes Auge bestimmt für das Sehen verloren, so ist die Entscheidung für den Augenarzt leicht. Er rät die Entfernung des Augapfels an. Wie aber, wenn Aussicht vorhanden ist, daß es wieder zum Sehen kommt? Wie, wenn die an die Verletzung sich anschließende Entzündung gering ist, wenn Schmerzen fehlen? Soll da das Auge aus Angst vor einer immerhin möglichen sympathischen Ophthalmie entfernt werden? Ob sie eintreten wird, kann niemand voraussehen, wir wissen nicht, wie sie ins andere Auge kommt, wir wissen nicht, welcher Krankheitskeim sie hervorruft. Wir haben auch außer der Herausnahme des verletzten Auges kein Mittel zu ihrer Verhütung. Ist sie aber erst einmal ausgebrochen, so ist die Heilung höchst ungewiß. Wir sehen, daß es hier Fälle geben kann, wo die Verantwortung des Augenarztes eine ungeheure ist.

Nun wollen wir zum Schluß noch den Komplex der Erkrankungen betrachten, den der Laie unter den Begriff des Stares zusammenfaßt. Da ist zunächst der graue Star. Man hört so oft, daß sich dabei ein Häutchen im Auge bildet. Das ist völlig falsch. Es bildet sich nichts Neues im Auge, sondern die im gesunden Auge durchsichtige Linse trübt sich und wird grau. Daher der Name der Krankheit. Die Trübung tritt ganz allmählich ein. Beginnt sie im Zentrum der Linse, so wird sie das Sehen eher stören, als wenn sie zunächst in den Randteilen sich entwickelt. Schließlich bei völliger Durchtrübung, der sog. Reife, vermag der Patient nur noch dicht vor dem Auge Handbewegungen zu erkennen. Es kann Jahre und Jahrzehnte dauern, bis es so weit kommt. Da ist nun recht oft schwer zu entscheiden, ob man den Patienten bei der ersten Untersuchung, wo man noch nichts über den Verlauf weiß, sagen soll, daß sie am beginnenden Star leiden oder nicht. Tut man es nicht und der Patient geht noch zu einem anderen Augenarzte, der vielleicht weniger rücksichtsvoll ist, so steht man als Schafskopf da, obwohl es, das kann ich hoch und heilig versichern, absolut unmöglich für den Augenarzt ist, einen beginnenden Star zu übersehen. Sagt man es aber, so verdirbt man dem Patienten das Leben, da er nun stets in Angst lebt, blind zu werden. Die Versicherung, daß es noch lange, lange Jahre dauern kann, bis es so weit kommt, glaubt er natürlich nicht, obwohl es die Wahrheit ist.

Ein Mittel, die völlig getrübte Linse wieder aufzuhellen, ist bis jetzt noch nicht gefunden worden. Wenn ein Kurpfuscher behauptet, einen reifen grauen Star ohne Operation heilen zu können, so ist er ein Schwindler oder ein Nichtswisser, der eine andere Augenkrankheit mit dem Star verwechselt hat.

In der letzten Zeit sind aber Versuche im Gange, beginnende Linsentrübungen aufzuhellen. Hoffen wir, daß sie Erfolg haben.

Bei Kindern angeboren auftretende und durch Verletzung der Linse bei Personen bis zu 30 Jahren entstehende Stare werden durch einen kleinen Schnitt in die Hornhaut aus dem Auge herausgelassen, da sie weich sind. Der Hauptkontingent der Stare entsteht aber erst nach dem 50. Lebensjahre. Bei diesen sog. Altersstaren ist in der Linse schon ein harter Kern entstanden. Der Schnitt muß demnach viel größer angelegt werden.

Vor Einlage eines Sperrers, der die Lider auseinanderhebt, wird jenes herrliche Mittel, das Cocain eingetropft, das uns gestattet, völlig schmerzlos für den Patienten am Auge zu arbeiten. Ein Schnitt mit einem scharfen geraden Messerchen öffnet die obere Hälfte des Hornhautrandes. Dann wird meist ein Stück der Regenbogenhaut abgeschnitten und die Kapsel der Linse eröffnet. Bei zartem Druck schiebt sich die Linse dann aus dem Auge. Bei allen diesen Manipulationen muß man sich in acht nehmen, daß die spinngewebedünne hintere Kapsel der Linse nicht durchreißt, da sonst der Glaskörper in die Wunde vorfällt, was den Heilungsverlauf sehr verlangsamt. Diese hintere Kapsel wird manchmal ebenfalls trüb, dann entsteht der sog. Nachstar, der mit einer feinen Nadel einige Wochen nach der Operation durchrissen wird.

Ein Auge, dem die Linse entfernt ist, muß natürlicherweise hochgradig übersichtig werden. Es muß eine starke Konvexbrille von 10 bis 13 Dioptrien meist vereint mit Zylindergläsern getragen werden, um in die Ferne deutlich zu sehen. Durch die Wegnahme der Linse ist auch die Akkommodation verloren gegangen. Für die Naharbeit muß also eine stärkere Brille von 15 bis 16 Dioptrien getragen werden. Viele Patienten, namentlich vom Lande, wollen das aber absolut nicht begreifen, und fragen immer und immer wieder, wenn sie denn endlich ohne Brille gut sehen.

Nur in einem Falle kann die Brille weggelassen werden, nämlich, wenn das Auge vorher stark kurzsichtig war. Vorher kamen die Strahlen vor der Netzhaut zur Vereinigung, jetzt, nach Wegnahme der Linse, fallen sie auf die Netzhaut. Das ist der

Weg, welcher bei der Operation der hochgradigen Kurzsichtigkeit eingeschlagen wird.

Der grüne Star ist eine Steigerung des im Auge herrschenden Druckes. Der eigentlichen Krankheit voraus geht anfallsweises Schlechtsehen, wobei die Patienten glauben, Rauch sei im Zimmer oder Nebel draußen. Um die Flamme eines Lichtes erscheint ein Ring in Regenbogenfarben. Nach einigen Stunden kann dies spurlos vorübergehen, um in kürzerer oder längerer Zeit sich zu wiederholen. Zweckmäßig ist es, sich jetzt schon operieren zu lassen, doch pflegen die Patienten sich meist nicht dazu zu entschließen. Da eines Tages setzt unter unerträglichen Schmerzen der Hauptanfall, sehr oft begleitet von Erbrechen, ein. Aus der Tiefe des düsterroten, geschwollenen, knochenharten Auges leuchtet ein grüner Schein, der der Krankheit den Namen gegeben hat. Greift die Behandlung nicht ein, so kann der Anfall tage- und wochenlang dauern und das Sehvermögen größtenteils vernichten.

Die beste Behandlungsart ist die Operation. Es wird ein Stück aus der Regenbogenhaut geschnitten. Ohne Operation geht infolge sich wiederholender Anfälle das Auge völlig zugrunde. Außer diesem akuten, grünen Star gibt es noch einen schleichend und ohne Schmerzen auftretenden, bei dem die Operation nicht so sicher hilft. Einem solchen Auge sieht man von außen nichts Krankhaftes an. Nur mit dem Augenspiegel erkennt man, daß auch hier, wie beim akuten grünen Star, der Sehnerveintritt tief ausgehöhlt ist (Fig. 16). Sehr oft vernichtet diese Krankheit das Sehvermögen eines Auges völlig, ehe der Patient es nur merkt. Es ist nämlich eine sehr häufige Erscheinung, daß Leute lange Jahre an einem Auge wenig oder gar nichts mehr sehen, ohne daß sie eine Ahnung davon haben. Erst zufällig, z. B. wenn ihnen etwas ins andere Auge kommt, merken sie es. Das ist unheimlich, und man kann dem Patienten nicht unrecht geben, der neulich zu mir sagte: „Wenn man so etwas im Auge hat, gehören einem doch auch, bei Gott, Schmerzen, damit man's merkt."

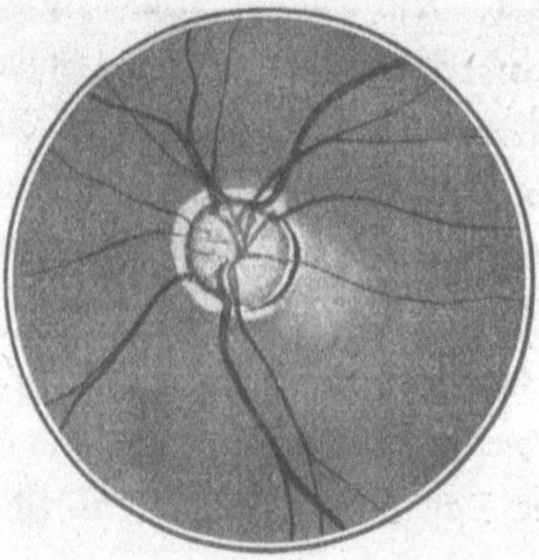

Fig. 16. Aushöhlung des Sehnerveneintritts bei grünem Star.
Die an den Sehnerv grenzende Aderhaut ist geschwunden (weißlicher Ring).
Die Netzhautgefäße knicken am Rande der Grube ab und steigen in die Tiefe.

Diese Krankheit leitet uns über zum schwarzen Star, einem Krankheitsbegriff, der jetzt veraltet ist. Man definierte ihn so, daß dabei der Patient nichts sieht, der Arzt aber auch nichts, d. h. man verstand darunter eine Erblindung ohne äußerlich sichtbaren Befund. Die herrliche Erfindung des Augenspiegels von Helmholtz, 1851, hat mit einem Schlage Klarheit in dieses früher so dunkle Gebiet gebracht. Mit Hilfe des Augenspiegels sehen wir jetzt in 4 bis 14facher Vergrößerung den Augenhintergrund sich vor uns in leuchtendem Ziegelrot ausbreiten (Fig. 17). Rosarot liegt vor uns die Scheibe des Sehnerven, aus welcher nach der Peripherie zu in immer feineren Verästelungen die scharlachenen Arterien und karminroten Venen hervortreten. In diesem normalen Augenhintergrund sehen wir nun bei den verschiedenen Augenleiden die mannigfachsten Bilder. Da sehen wir die gelblichen Herde der Aderhautentzündung, die später zu weißen, von schwarzen Farbstoffschollen umrahmten Flecken werden

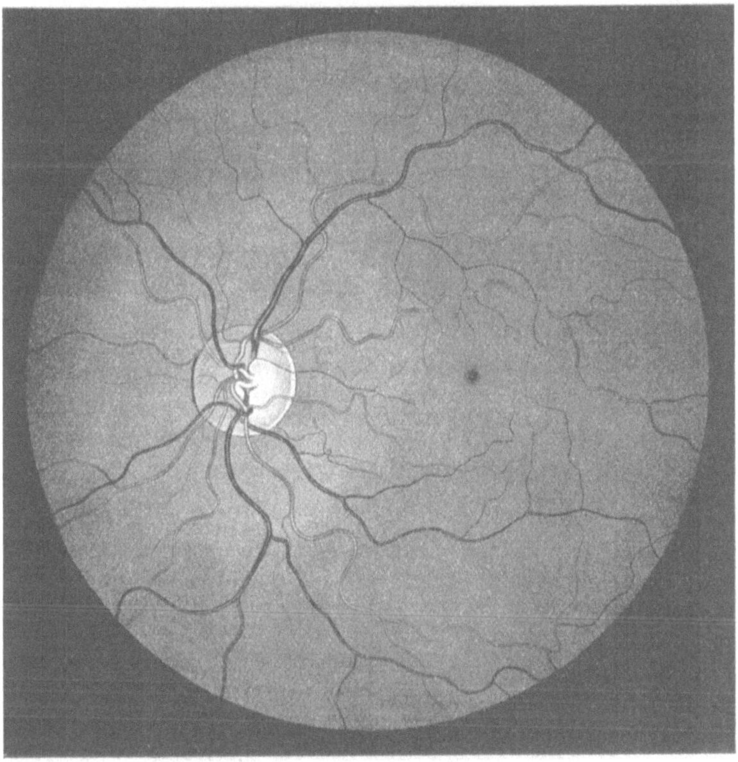

Fig. 17. Normaler Augenhintergrund.

(Fig. 18). Da sehen wir die eigenartigen Veränderungen, welche die hochgradige Kurzsichtigkeit hervorruft (Fig. 19), sehen die abgelöste Netzhaut als grünlich grauen Schleier bei den Bewegungen des Auges auf- und abwogen. Aber auch eine Menge von Krankheitszuständen des Körpers prägen ihre Spuren im Augenhintergrund aus. Einen Spiegel der Seele hat man das Auge genannt, mit noch weit größerem Rechte aber kann man es einen Spiegel des Körpers nennen. Bleichsucht und Blutarmut,

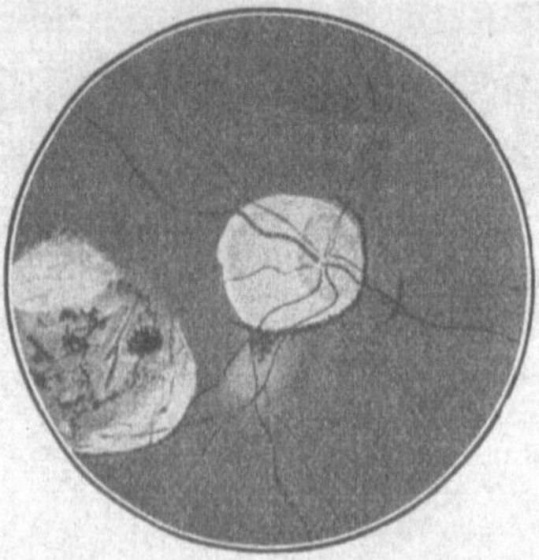

Fig. 18. Augenhintergrund bei höchstgradiger Kurzsichtigkeit.
Um den Sehnerveintritt ist die Aderhaut geschwunden, so daß die weiße Lederhaut sichtbar wird. In der Gegend des gelben Fleckes ausgedehnte alte Aderhautveränderungen.

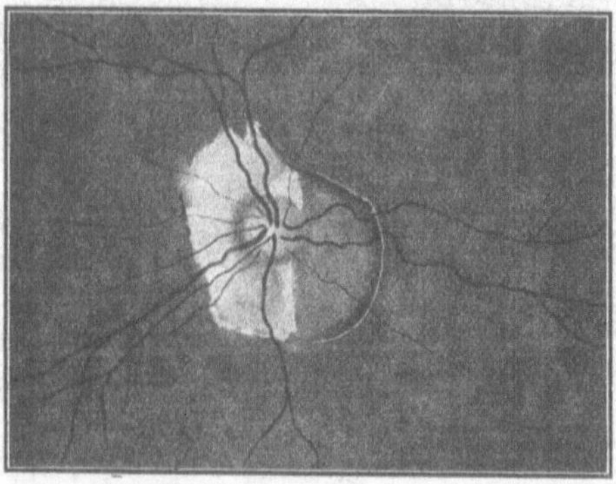

Fig. 19. Sehnerveintritt bei höchstgradiger Kurzsichtigkeit.
An der Ausbiegung der Adern der rechten Seite erkennt man, daß der Augenhintergrund hier ausgebuchtet ist.

Tuberkulose (Fig. 20), Syphilis (Fig. 21), Mißbrauch des Tabaks und Alkohols lassen sich im Augenhintergrund nachweisen (Fig. 22). Bei Miliartuberkulose oder Gehirngeschwulst ist ohne Augen=

spiegel überhaupt keine sichere Diagnose zu stellen, und die Erkennung der zahllosen Nerven- und Geisteskrankheiten, wie wäre sie wohl möglich ohne Augenuntersuchung? Schon jahrzehntelang kann die beginnende Rückenmarkschwindsucht am Auge festgestellt werden, bevor sie dem Kranken irgendeine Beschwerde macht.

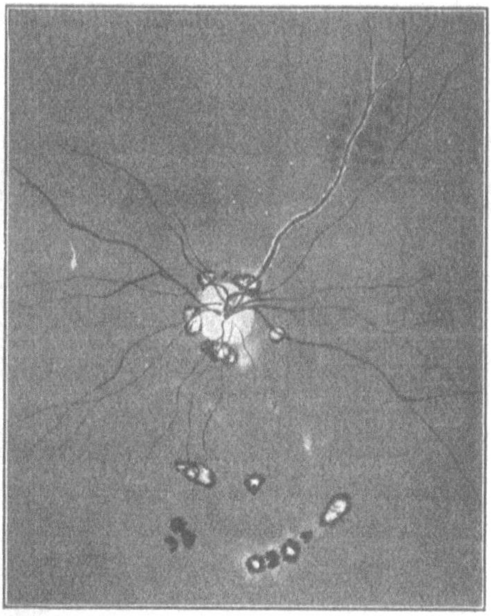

Fig. 20. Alte Erkrankung der Aderhaut wohl durch Tuberkulose, woran das andere Auge später erkrankte.

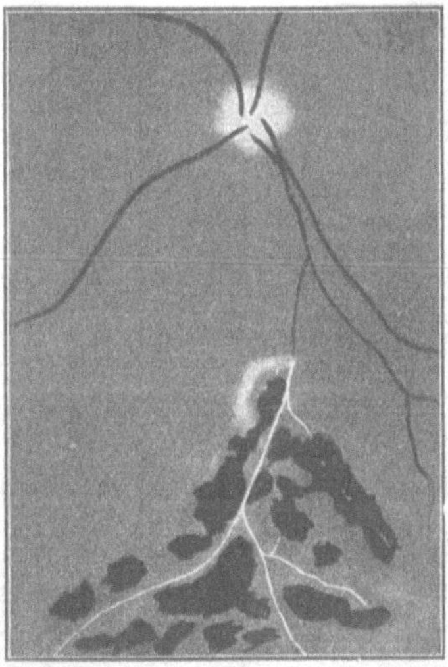

Fig. 21. Erkrankung einer Netzhautschlagader bei Syphilis.
Die Wand der kranken Ader ist weiß. Zahlreiche Blutungen, die oberen beginnen sich aufzusaugen

Und wie oft wird Nierenleiden und Zuckerkrankheit als zufälliger Befund bei einer aus ganz anderen Gründen vorgenommenen Untersuchung vom Augenarzte festgestellt, allein durch das charakteristische Augenspiegelbild! Daß der Augenarzt die Beziehungen zur Allgemeinmedizin nicht verlieren darf, ist wohl hiernach jedem klar. Das ist eigentlich selbstverständlich, da er ja wie jeder Arzt sein Staatsexamen gemacht hat und erst dann zu seinem Spezialgebiet übergegangen ist. Ich erwähne es auch nur, weil oft der Augenarzt als ein Arzt angesehen wird, dem es aus irgend einem Mangel zu der Erkenntnis des ganzen Menschen nicht gereicht, und der deshalb bloß „auf die Augen" studiert hat.

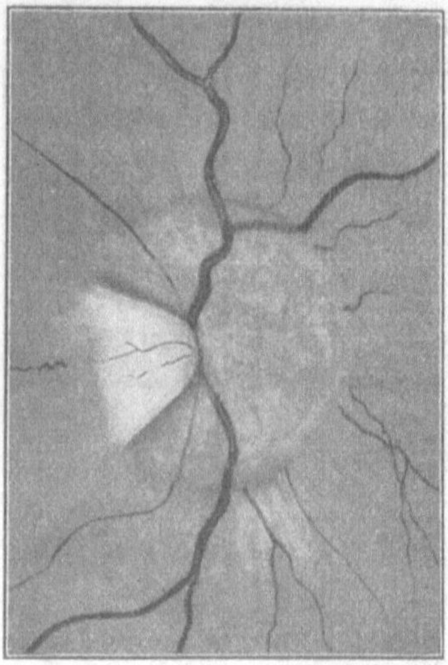

Fig. 22. Starke Schwellung des Sehnerven bei Geschwulst im Gehirn (Stauungspapille).

Man sieht wie die stark gefüllten Blutadern über die Erhöhung steigen. Die Netzhaut ist gestreift.

Trotz der ungeheueren Fortschritte der Augenheilkunde seit der Erfindung des Augenspiegels gibt es leider immer noch eine große Anzahl von Augenerkrankungen, denen wir machtlos gegenüberstehen. Nun vermehre aber niemand deren Zahl noch dadurch, daß er aus Leichtsinn oder Gleichgültigkeit beginnenden Sehstörungen und Augenleiden keine Beachtung schenkt. Es ist ein unheilvoller Glaube, der namentlich bei der Landbevölkerung so verbreitet ist, daß eine gefährliche Augenerkrankung notwendig mit Schmerzen und Reizung des Auges verbunden sein müsse. Ein Fremdkörper unter dem oberen Lide peinigt bis zur Raserei und ist doch nicht gefährlich, aber fast alle inneren Augenleiden gehen ohne Beschwerden zu machen einher. Tröste sich auch niemand, wenn er schlecht zu sehen beginnt, mit den Worten: Das bringt das Alter mit sich. Wer sagt denn daß man im Alter schlecht sehen muß? Und die nichtssagende phrasenhafte Redensart: Das sind Schwächen, ist nun vollends das Allerdümmste. Man kann höchstens Geistesschwäche konstatieren, wenn sich jemand mit einer solchen Erklärung für die Abnahme seiner Sehkraft zufrieden gibt. Hüte sich jeder, daß ihm nicht, wenn er endlich zum Augenarzt kommt, das entsetzliche „Zu spät" entgegentönt. Ich übertreibe nicht. Die Bevölkerung der ländlichen Gegenden vor allem kann wirklich nicht oft, nicht eindringlich genug ermahnt werden, aus ihrer Gleichgültigkeit zu erwachen.

„Wie lange haben Sie das Leiden schon", pflege ich zu fragen. Da hörte ich als Assistent in der Großstadt 1, 2 höchstens 8 Tage. Und in meinem jetzigen Wirkungskreise heißt es: „Noch nicht lange, erst 1/4, 1/2, 1 Jahr." Den Rekord hat einer geliefert mit 6 Jahren. Und was kann alles in 8 Tagen schon am Auge verloren gehen?

Bezeichnenderweise hört man aber nach begonnener Behandlung nie mehr das Wörtchen „erst". Da heißt es immer schon 8 Tage, schon 14 Tage in Behandlung.

Ich kann den Unterschied in der Bevölkerung zwischen einer Großstadt und der vorwiegend ländlichen, mit der ich es jetzt zu tun habe, nicht besser charakterisieren, als sie es selbst in ihren Aussprüchen tut.

Der großstädtische Arbeiter sagt: „Herr Doktor, man hat bloß zwei Augen.“ Hier mußte ich öfters hören: „Ein Auge gebe ich gerne verloren, wenn ich nur das andere behalte.“ Der großstädtische Arbeiter will oft in die Sprechstunde bestellt werden, hier heißt es: „So lange man noch ein bißchen was sieht, geht man doch nicht zum Doktor.“

Und muß ich denn wirklich noch den Wert des Auges, die Schrecken der Blindheit schildern? Ich kann es nicht besser als mit den Worten Schillers:

O, eine edle Himmelsgabe ist
Das Licht des Auges. Alle Wesen leben
Vom Lichte. Jedes glückliche Geschöpf,
Die Pflanze selbst kehrt freudig sich zum Lichte.
Und er muß sitzen, fühlend in der Nacht,
Im ewig Finstern. Ihn erquickt nicht mehr
Der Matten warmes Grün, der Auen Schmelz,
Die roten Firnen kann er nicht mehr schauen —
Sterben ist nichts — doch leben und nicht sehen,
Das ist ein Unglück.

www.ingramcontent.com/pod-product-compliance
Lightning Source LLC
LaVergne TN
LVHW091730021026
849161LV00003BB/555